ଜହ୍ନ ନଦୀ

ଜହ୍ନ ନଦୀ

ଆଦ୍ୟାଶା ଦାସ

ବ୍ଲାକ୍ ଇଗଲ୍ ବୁକ୍ସ
ଭୁବନେଶ୍ୱର, ଓଡ଼ିଶା
BLACK EAGLE BOOKS
Dublin, USA

ଜହ୍ନ ନଦୀ / ପ୍ରଫେସର ଆଦ୍ୟାଶା ଦାସ

ବ୍ଲାକ୍ ଇଗଲ୍ ବୁକ୍ସ : ଭୁବନେଶ୍ୱର, ଓଡ଼ିଶା ● ଡବ୍ଲିନ୍, ଯୁକ୍ତରାଷ୍ଟ୍ର ଆମେରିକା

 BLACK EAGLE BOOKS

USA address:
7464 Wisdom Lane
Dublin, OH 43016

India address:
E/312, Trident Galaxy, Kalinga Nagar,
Bhubaneswar-751003, Odisha, India

E-mail: info@blackeaglebooks.org
Website: www.blackeaglebooks.org

First International Edition Published by
BLACK EAGLE BOOKS, 2025

JANHA NADI
by Prof. Adyasha Das

Copyright © **Prof. Adyasha Das**

All rights reserved. No part of this publication may be reproduced, stored in a retrieval system, or transmitted, in any form or by any means, electronic, mechanical, photocopying, recording or otherwise without the prior permission of the publisher.

Cover & Interior Design: Ezy's Publication

ISBN- 978-1-64560-774-8 (Paperback)

Printed in United States of America

ଉତ୍ସର୍ଗ

ଜହ୍ନକୁ, ନଦୀକୁ
ଋତୁମାନଙ୍କୁ...

ସୂଚୀପତ୍ର

ଜହ୍ନ ନଦୀ	୦୯
ରଙ୍ଗରାଗ	୧୧
ପ୍ରାର୍ଥନା	୧୬
ରହସ୍ୟ ବିଳାସ	୧୮
ହଜିଯାଉଥିବା ଦିନ ରାତି	୨୦
ପୁନରୁଦ୍ଧାର	୨୩
ଦୋ ଦୋ ଚିହ୍ନା	୨୭
ଚିହ୍ନଟ	୨୯
ପ୍ରିୟଜନ ଚାଲିଯିବା ପରେ	୩୧
ଅପେକ୍ଷା	୩୭
ତମ୍ବା ଫୁଲ	୩୮
ତୁମେ ଅଛ	୪୦
ସେପ୍ଟେମ୍ବର ଗୀତ	୪୧
ଆସ ବୟସକୁ ହଜାଇଦେବା	୪୨
ନିଃସଙ୍ଗ ପୋତ	୪୪
ଆଖିରେ ଆଖିରେ	୪୬
ଉଇଁ ଆସୁଛି ବ୍ରହ୍ମାଣ୍ଡ	୫୦
ଭାଇ	୫୭
ହାତମୁଠାରେ ଆକାଶ	୬୩
ତମେ ଅଛ	୬୭

ଉନ୍ମୋଚନ	୭୦
ରୁକୁଣା ରଥ	୭୨
ପ୍ରାପ୍ତି	୭୪
କମା	୭୬
ମୋକ୍ଷ ଦିଅ	୭୭
କି ବର ମାଗିବି	୮୩
ଅନ୍ୱେଷା	୮୯
ଆଗାମୀ ଅତୀତ	୯୦
ନୀଳ ନଦୀରେ ତୁମେ	୯୩
ଈର୍ଷା	୯୫
ଦ୍ୟୁତି	୯୬
ନିର୍ବସନ୍ତ	୯୮
ନିୟତି	୧୦୧
ମହାକାଳୀ	୧୦୪
ଭବିତବ୍ୟ	୧୦୭
ଜନ୍ମ ଜନ୍ମାନ୍ତର	୧୦୮
ଗାଁ ଗାଁରେ ଗାନ୍ଧି	୧୧୦
କାଲେ ସେ ଆସିବ	୧୧୩
ପୁରୀ	୧୧୬

ଜହ୍ନ ନଦୀ

ମୁଁ ନଦୀ,
ସେକାଳୁ ଏକାଳ
ପୃଥିବୀ କୁଆଁରାବ ଦେବା ପରଠାରୁ
ମଣିଷର ଶିରାପ୍ରଶିରାରେ ରକ୍ତର କମ୍ପିତ ପ୍ରବାହ ଦିନଠୁ
ମୁଁ ବହୁଛି ନଦୀଟିଏ ହୋଇ।

ମୋ ଛାତିରେ ଉବୁଟୁବୁ
ଫୁସ୍‌ଫୁସ୍ କଥାଭାଷା ଅଜାତ ବର୍ଣମାନଙ୍କର
ପ୍ରଥମ ବର୍ଷାର ସୁଗନ୍ଧ
ବାଲିଘର ପରି ଉଜୁଡ଼ିଯାଉଥିବା ସଭ୍ୟତାର ଛାୟା
ମୋର ସହିଷ୍ଣୁ ଢେଉରେ।

ପକ୍ଷୀମାନେ ଉଡୁଥାନ୍ତି ମୋର ଶ୍ୱାସପ୍ରଶ୍ୱାସରେ
ପ୍ରତ୍ୟୁଷରେ ଡେଣାକୁ ରଙ୍ଗେଇ
ତାରାମାନେ ବୁଡ଼ିଯା'ନ୍ତି ମୋ ଲହଡ଼ିରେ
ପୁଣି ଆଉଥରେ ମିଟିମିଟି ଜଳିବାକୁ
ମାଛଧରାଳିର ସ୍ୱପ୍ନରେ ବତିଟିଏ ପରି ।

ମୋ ଛାତିର ଜହ୍ନ ଦର୍ପଣରେ ଦିଶିଯାଏ ହଜିଯାଇଥିବା ମୁହଁ ସବୁ
ଭଗ୍ନ ପ୍ରସ୍ତର ପାଇଁ ଗାଉଥିବା ନାନାବାୟା ଗୀତ
ମୋତି ପାଲଟିଯାଉଥିବା କ୍ଷତ ଚିହ୍ନ
ଏବଂ ଆଲୋଡ଼ିତ ଫେଣ ପରି ଦୁଃଖ ସବୁ ।

ସମୟ ବହିଯାଏ
ମୋ ଛାତିର ଛୋଟ ଛୋଟ ତରଙ୍ଗରେ ପାଦ ରଖି
ଖାଲିପାଦରେ ଠୁକୁଠୁକୁ ଚାଲୁଥିବା ଶିଶୁ ପରି
ପ୍ରତି ପାଦ ଚିହ୍ନ ହଜିଯାଏ
ଆଉ ମିଳେ ନାହିଁ କେବେ
ତଥାପି ମୋତେ ନୂଆକରି ଗଢୁଥାଏ ।

ଯେତେବେଳେ ରାତି ନଇଁଆସେ
ବିଶ୍ରାମ ନେବାକୁ ମୋ କାନ୍ଧରେ ମୁହଁ ରଖି
ମୁଁ ସାଉଁଟୁଥାଏ
ତା'ର ରୁପେଲି ନିରବତାକୁ
ଅସରନ୍ତି କୋମଳ ପ୍ରବାହକୁ ।

ମୁଁ ହେଉଛି ଜହ୍ନନଦୀ
ବାହିନିଏ ଅପହୃତ ଏବଂ ଜୀବିତଙ୍କୁ
ବିସ୍ମୟର ଦୂର ବହୁ ଦୂର ସୀମାନ୍ତକୁ
ସ୍ମୃତିର ଦିଗନ୍ତରେ ଜହ୍ନ ହୋଇ ଉଇଁବାକୁ ।

■

ରଙ୍ଗରାଗ

କିଏସେ ବୁଝେ ମୋ କଥା
ଠିକ୍ ତୁମ ପରି ?
ସଙ୍ଗୀତର ଝଙ୍କାର ମୋ ମନଗହନର
ଶୁଣିପାରେ କିଏ ତୁମ ସରି ?

ଗୋପନ ବ୍ୟଥାରେ
ଗଭୀର ମୋ ଖୋଜିବା ଲୋଡ଼ିବା,
ଅନ୍ତରେ ଅନ୍ତରେ ବୁଝିବା
କ'ଣ ଭଲ ମୋ ପାଇଁ,
କ'ଣ ପୁଣି ନୁହେଁ ଦରକାରୀ।

କେତେ ସହଜରେ
ତୁମ କୁହୁକ ସ୍ପର୍ଶରେ
ଉଠାଇ ନିଅ ମୋତେ
ସାଧାରଣ ଜୀବନପଥରୁ
ଏକ ନିମିଷରେ ସତ୍ତାର ଶିଖରେ।

ବେଳେବେଳେ ତୁମେ ମୋତେ ଡାକି ନିଅ
ମେଘର ବିମାନେ ବସାଇ,
ଛାୟା ପଥେ,
ଦୂର ତାରା ଜଗତରେ
ଦେବାକୁ ହଜାଇ ।

ଶୀତୁଆ ରାତିରେ ତୁମେ
ଜଡ଼ାଇ ରଖ ମୋତେ,
କମନୀୟ କାମନାର
ଚାଦରେ ଘୋଡ଼ାଇ ।

ତୁମେ ମୋର ବନଜର ବନ୍ଧ୍ୟା ବଗିଚାରେ
ହସୁଥାଅ ମୁକ୍ତ ପବନ ହୋଇ
ଖେଳୁଥାଅ ଲୁଚକାଳି ବୁଲି ବୁଲି
ମୋ ଚେତନାର ବିସ୍ମୃତ ଗଳି ଉପଗଳି ।

ମୁଁ ତରଳ ମହମ,
ତୁମ ହାତେ ପୁନର୍ଜନ୍ମ ଲଭେ
ନୂଆ ରୂପ ପାଏ ।
ଝଲାଇ ଦିଅ ମେତେ,
ଜଳାଇଦିଅ ତୁମେ କେତେ ଯାତନାରେ
ଝଲସାଇ ଦିଅ ପୁଣି ଅତି ଯତନରେ
ତୁମ ପରି
କିଏବା ବୁଝିପାରେ ମୋତେ
ତୁମ ପରି କିଏ ବା ଶୁଣିପାରେ
ମୋ ମନଗହନର ସୁର ଝଙ୍କାର ?

ଗୋପନ ବ୍ୟଥାରେ
ନିଭୃତ ଗଭୀର ମୋ ଖୋଜା ଲୋଡ଼ା
ତୁମ ପରି କିଏ ବୁଝିପାରେ ଅନ୍ତରେ ଅନ୍ତରେ ?
କ'ଣ ଭଲ ମୋ ପାଇଁ
କ'ଣ ବା ନୁହେଁ ଲୋଡ଼ା
କିଏ ବା ବୁଝି ବୁଝାଇଦିଏ ତୁମ ପରି ?

ତୁମ କୁହୁକ ସ୍ପର୍ଶରେ
ତୋଳି ନିଅ ମୋତେ ମାଟିରୁ ଆକାଶକୁ
ନିମିଷକେ ପଥଧାରୁ ନେଇ ରଖିପାର ସତ୍ତାର ଶିଖରେ !

ତୁମେ ମୋତେ ଡାକି ନିଅ
ମେଳାର ବିମାନେ ବସାଇ ଛାୟାପଥେ
ତାରାର ରାଜ୍ୟରେ ଦେବାକୁ ହଜାଇ ।
ଶୀତ ରାତିର ବେପଥୁରେ
ଜଡ଼ାଇ ଧର ମତେ କମନୀୟ କାମନାର
ଉଷୁମ ଚାଦର ଘୋଡ଼ାଇ

ତୁମେ ମୋର ବନ୍ଧ୍ୟା ଉଦ୍ୟାନରେ
ବେପରୁଆ ହସୁଥାଅ କୃଷ୍ଣଚୂଡ଼ା ପରି
ଦଲକାଏ ମୁକ୍ତ ଜୀବନରେ
ଛପି ଛପି ଲୁଚକାଳି ଖେଳୁଥାଅ ତୁମେ
ମୋ ଚେତନାର ବିସ୍ମୃତ ଗଳିରେ ।

ମୁଁ ତରଳ ମହମ
ତୁମ ସ୍ପର୍ଶରେ ପୁନର୍ଜନ୍ମ ଲଭେ
ନୂଆ ରୂପ ପାଏ
ଝଲାଇ ଦିଅ ମତେ
ଦଗ୍ଧ କର ଯାତନାର କଷଟିରେ
ଝଟକାଇ ଦିଅ ନବୀନ ରୂପରେ ।

ପ୍ରାର୍ଥନା

ମୋର ପ୍ରାର୍ଥନା-
ଏକାନ୍ତ ନିଜର ଅତି ଗୋପନୀୟ
ହତାଶା ଓ ସନ୍ତାପରେ ମୁଁ ଜଳୁଥାଏ
ପ୍ରାର୍ଥନା କରିବା ବେଳେ ମତେ କବଳିତ କରୁଥାଏ
ମତେ ବିପଥଗାମୀ କରାଇବାର ପ୍ରଲୋଭନ।
ମୋର ଇଚ୍ଛା କାମନା ଓ ବାସନା କେବଳ ମୋର
ଏକାନ୍ତଭାବେ ମୋର।
ପ୍ରତିଦିନ ଜୀବନଜଞ୍ଜାଳ ଭିତରେ
ଅପରାହ୍ଣ ଯେତେବେଳେ ଗୋଧୂଳିକୁ ଆଲିଙ୍ଗନ କରେ
ମନ୍ଦିରର ପ୍ରଶସ୍ତ ମୁଖଶାଳାରେ
କିମ୍ବା ଶୟନଗୃହ ଓ ରନ୍ଧାଘରର ଫାଙ୍କରେ
ଯହିଁ ତହିଁ ଯେକୌଣସି ସ୍ଥାନରେ
ଉତ୍ଥିତ କର ମତେ
ପୂର୍ଣ୍ଣ କର ମୋର ଇଚ୍ଛା,

କେତେ ସୁବିଧାବାଦୀ ତୁମେ ପଥର ପରି ନିରବ ରହିବା !
କିଛି ନକହିବା ଯେମିତି ଲେଖା ହୋଇଛି ତୁମ ଭାଗ୍ୟରେ
ଆମ ସମସ୍ତଙ୍କ ସହ ମାୟାଜାଲର ଚୁକ୍ତିପତ୍ରରେ ସନ୍ତକ ରଖିବା
କ'ଣ ତୁମ ଅଟଳ ପ୍ରତିଜ୍ଞା !
ନାରିକେଳଟିଏ, ଖଣ୍ଡେ ପାଟଶାଢ଼ି ଏବଂ
ଏକ ଘିଅଦୀପ ସଳିତାର ଶିଖାରେ ସନ୍ତୁଷ୍ଟ ତୁମେ
ଏବଂ ପ୍ରତିବଦଳରେ ଦିଅ ସମଦର୍ଶୀ ପରି ସମସ୍ତଙ୍କୁ ଗୋଟିଏ
ଯାହାର ନାମ ଜୀବନ !

ରହସ୍ୟ ବିଳାସ

କିଏ ଚିତ୍ରେଇଛି
କୋମଳ ଅଙ୍ଗୁଳିରେ ଟାଣିଛି ତରଙ୍ଗକୁ ବାଦଲ ଛାତିରେ
ଭୀତତ୍ରସ୍ତ ବିଚଳିତ ମନକୁ
ଛାୟାଛନ୍ନ କରେ ପରମୁହୂର୍ତ୍ତରେ ।

କିଏ ଶିଖାଇଲା ପକ୍ଷୀଏଙ୍କୁ ଉଡ଼ିବାକୁ ଆକାଶେ ଉଚ୍ଚରେ
ଘୂରି ଘୂରି ଅପୂର୍ବ ନୃତ୍ୟ କରିବାକୁ ଉପରୁ ତଳକୁ
ଲକ୍ଷ୍ୟପଥର ବିପରୀତରେ ଧାଇଁବାକୁ ?

କିଏ ରଚିଲା ଚିତ୍ରିତ ପ୍ରେମ
ଛନ୍ଦାଛନ୍ଦି ଦେହ ମନ
ରାତ୍ରିର ବିହ୍ୱଳତାରେ କାମନାର ଶିରିଶିରି ବର୍ଷା
ଆରଣ୍ୟକ ସ୍ୱପ୍ନରେ ଉନ୍ମନାଃ
ସମ୍ଭୋଗର ଚାପା ଉଲ୍ଲାସ ଓ ସ୍ୱର୍ଗୀୟ ଶିହରଣ
ଏକାତ୍ମ ସମର୍ପଣ ।

ତୁମେ କ'ଣ ଦିଅ ମତେ
ଭାବନା ଓ ଶବ୍ଦ ତୁମ ଇଚ୍ଛାମତେ
ତୁମ ଦୃଷ୍ଟିରେ ରଙ୍ଗେଇଛ ମୋ ନୟନ
ତୁମ ମହିମା ବୁଝିବା ପାଇଁ ମୋ ଏକାଗ୍ର ସର୍ଜନା
ଆଦିକାଳର ବନ୍ଧନରେ ମୁଁ ଅନୁଗତ ତୁମର
କିମ୍ବା
ମୁଁ ତୁମକୁ ସର୍ଜୁଥାଏ ନିତିପ୍ରତି ଏଠିସେଠି ଲିଭାଇ ରଙ୍ଗେଇ
ତୁମକୁ ବେଦିରେ ବସାଇ ନିର୍ବାସିତ କରେ ଅସୀମତାକୁ ।

ତୁମର ସମୁଦ୍ର ପାହାଡ଼ ପକ୍ଷୀରାଜି
ମଣିଷର ମାୟାଦେହ ଓ ରହସ୍ୟମୟ ମନ
ସମସ୍ତେ ଫେଣ୍ଟି ହୋଇ
ପ୍ରବାହିତ ହୁଅନ୍ତି ମୋ ଭିତରେ ବାହାରେ
ମୋ ଦୁଃଖରେ ବିଷଣ୍ଣ ହୁଏ ସମୁଦ୍ର
ମୋ ଆନନ୍ଦରେ ପକ୍ଷୀ ଗାଏ ବନସ୍ପତି ହସେ
ଏ ସବୁର ଅର୍ଥ କ'ଣ ?
ଆମ ଭିତରେ ଏ କି ସମ୍ପର୍କ ?
କାହିଁକି ଏ ରହସ୍ୟ ବିଳାସ !

■

ହଜିଯାଉଥିବା ଦିନ ରାତି

ଦିନେ କେବେ ନକ୍ଷତ୍ରମାନେ ମଧୁ ସ୍ୱରେ ଗୁଣୁଗୁଣୁ ହେଉଥିଲେ
ଗୋଧୂଳିବେଳାର ସୂତାରେ ବନ୍ଧା ହୋଇଥିଲା ସେ ସ୍ୱର
ଯେଉଁ ପୂର୍ବପୁରୁଷଗଣ କାହାଣୀ ଫାନ୍ଦୁଥିଲେ ଅନ୍ଧାରରେ
ପାହାନ୍ତା ପ୍ରହର ବାଟ କଢ଼ାଉଥିଲା ଆଲୋକ ଛାଇରେ

ଏବେ ନକ୍ଷତ୍ରମାନେ ବ୍ୟଗ୍ରତାର ପର୍ବ ପାଳନ୍ତି
ସେମାନଙ୍କ ଗୀତ ଉବୁଟୁବୁ ହୁଏ ସ୍ଥିର ନିଅନ ଆଲୁଅର ଆକାଶରେ
ଅସ୍ତବ୍ୟସ୍ତ କାହାଣୀ, ମଉଳିଯାଏ ପ୍ରତିଧ୍ୱନିରେ

ଦିନେ କେବେ ନଦୀମାନେ ଫୁସ୍‌ଫୁସ୍ ହେଉଥିଲେ ଆପଣା ଗୀତିଛନ୍ଦ
ଲହଡ଼ି ପାଲଟି ଯାଉଥିଲା ଜୀବନ ସ୍ତୋତ୍ରର ଶବ୍ଦାଂଶ
ମାତ୍ର ଏବେ ତାଙ୍କ ସ୍ୱର କର୍କଶ ଶୁଭୁଛି
ପ୍ରଲୋଭନର ହାତମୁଠାରେ ଶ୍ୱାସରୁଦ୍ଧ
ପ୍ରଗତିର ଗାଥା ଲେଖେ ଚୁପ୍‌ଚାପ୍ ମାଟି କାଦୁଅରେ

ଅରଣ୍ୟ ବି କେବେ ଗୀତ ଗାଉଥିଲା
ଚେର ମୂଳ ଧରାଧରି ହୋଇ ପୁରାତନ ସମବେତ ଗାନେ
କିନ୍ତୁ ପ୍ରତିଟି ଧରାଶାୟୀ ବୃକ୍ଷ ସାଥେ ମିଳାଇଯାଏ ତାଙ୍କ ଗୀତ
ଲିଭିଯାଏ ସଙ୍ଗୀତର ସୁର ଲୟ
ବଧିର ପାଲଟିଥିବା ସହର
ଆକାଶମୁହାଁ ଅଟ୍ଟାଳିକାରେ

ଏବେ ଋତୁମାନେ ବି ହଡ଼ବଡ଼ ଦୀର୍ଘାୟିତ ନିଦାଘ
ଶୀତ ପଛେଇଯାଏ, ବିଳମ୍ବିତ
ମୌସୁମୀ ଝୁଣ୍ଟିପଡ଼େ ଅନାବୃଷ୍ଟି ଝଡ଼ ତୋଫାନରେ
'କିଟ୍ସ'ଙ୍କ 'ଶରତ' ଛଟପଟ ହୁଏ
ଅନିର୍ଦ୍ଦିଷ୍ଟ ଆଗମନରେ
ଆମେ ସବୁ ଏ ଦେଶର କବି
ମାଟିରେ ରୋଉଛୁ ସନେଟ୍
ଲିରିକ୍ସ ଲେଖୁଛୁ ପତ୍ରେପତ୍ରେ

ଗୀତ ଛନ୍ଦୁଛୁ ପବନରେ
ସ୍ୟାହି ସବୁ ପାଲଟେ ନାହିଁ ତେଲ
ପୃଥିବୀକୁ ପ୍ରତ୍ୟାଖ୍ୟାନ କରି ଛନ୍ଦହୀନ କରି

ହଜିଯାଉଥିବା ଦିନ ଓ ରାତିର ଗୀତ କିଏବା ମନେରଖେ
ବିସ୍ମୃତ ରାତିର ଟୁକୁଡ଼ାମାନଙ୍କୁ
ସମ୍ଭବତଃ ନଦୀର ପ୍ରେତାତ୍ମା
ବୃକ୍ଷର ଘନଛାୟା
ନକ୍ଷତ୍ରଶୂନ୍ୟ ଆକାଶର ଦୀର୍ଘଶ୍ୱାସ
ମିଶିମାଶି ଏଲିଜି ଲେଖିବେ
ଏବଂ ଆମେ ନଥିବା ପୃଥିବୀରେ
ଶେଷ ଗୀତ ଗାଇବା ପୂର୍ବରୁ
ତୁମକୁ ଅରଜି କରେ ଶୁଣ ସେ ଗୀତ
ଶୁଣ ତା'ର ମୃତ୍ୟୁ ପରି ନିରବତାକୁ
ଶୁଣ ସେ କ୍ରନ୍ଦନକୁ, ମତେ ଆଶ୍ୱାସନା ଦିଅ ଯେ
ଆମ ଭିତରେ ସବୁ ଠିକ୍‌ଠାକ୍ ଅଛି ।

ପୁନରୁଦ୍ଧାର

(୧)

ଶେଯରେ

ତାଙ୍କ ସହ, ଦେହ ଛୁଆଁଛୁଇଁ

ଶୋଇ ରହି,

ମୁଁ ଚିହ୍ନିଲି

ତାଙ୍କ ଭିତର-ବାହାର

ମୁଁ ପଢ଼ିଲି ତାଙ୍କ ଦେହର ଯେତେ ଗାର, ଲମ୍ବ ଓ ଓସାର, ଗଭୀର

ଏବଂ ମୁଖସ୍ଥ କଲି ତାଙ୍କର ସ୍ଥିତି

ଗଣିଲି

ତାଙ୍କ ଆଖି କୋଣର ପ୍ରତିଟି କୁଞ୍ଚନ।

ମୁଁ ଜାଣିଲି ତାଙ୍କର 'ସତ'କୁ

ଜାଣିଲି ତାଙ୍କର ବିସ୍ମୃତିକୁ

ତାଙ୍କର ଅସ୍ତିତ୍ୱକୁ
ଏବଂ ସମଗ୍ର ସତ୍ତାକୁ।
ତାଙ୍କ ଭିତର ସନ୍ଦେହକୁ ମୁଁ ଚିହ୍ନିଲି
ଯେମିତି ଚିହ୍ନିଛି, ତାଙ୍କ ସାର୍ଟ ତଳର ମଇଳାକୁ,
ତା' ତଳର ନିର୍ମଳ ତ୍ୱଚାକୁ
ଶେଯରେ ତାଙ୍କ ସହ ଦେହ ଛୁଆଁଛୁଇଁ
ଶୋଇରହି, ଗଛକୁ ଆବୃତ କରିଥିବା ଲତା ପରି
ତାଙ୍କ ବକଳ ଭେଦି
ମୁଁ ଚିହ୍ନିଲି ତାଙ୍କୁ ପରସ୍ତ ପରସ୍ତ
ଜାଣିଲି ତାଙ୍କ ଗଭୀରତା, ସମର୍ଥତା ଓ ଅସମର୍ଥତାକୁ
ଠିକ୍ ସେଇପରି,
ସେ ଜାଣିଥିଲେ
ମୋର ଦୈର୍ଘ୍ୟ, ପ୍ରସ୍ଥ, ଉଚ୍ଚତା ଓ ଗଭୀରତାକୁ
ମୋର ସମର୍ଥତା-ଅସମର୍ଥତାକୁ।

(୨)

ଶୁଣିଲି ସେମାନେ ପୁନରୁଦ୍ଧାର କରିଛନ୍ତି
ଏକ ଲୁପ୍ତ ସହରକୁ
ସମଦ୍ରଗର୍ଭରୁ
ତା' ସହିତ ଉଦ୍ଧାରିଛନ୍ତି
ରହସ୍ୟର ସ୍ତୂପ-ସମାଧିସ୍ଥ ଅସଂଖ୍ୟ ସ୍ମୃତି ଓ ପ୍ରତୀକ
ସବୁଜ-ସବୁଜ-ସ୍ୱର୍ଣ୍ଣ, ଭୂତମାନଙ୍କ ଦ୍ୱାରା ସୁରକ୍ଷିତ ।

(୩)

ମୁଁ ଶୁଣୁଛି
ତାଙ୍କ ନିଃଶ୍ୱାସ ପ୍ରଶ୍ୱାସର ଶବ୍ଦ
ଯଦିଓ ଅତୀବ ଚିହ୍ନା
ତାଙ୍କର ନିଦ୍ରିତ ସତ୍ତା
ଘୂରିବୁଲେ ଅତଳ ସମୁଦ୍ରରେ
ଭୌତିକ ଚନ୍ଦ୍ରାଲୋକରେ
ଖୋଜି ବୁଲୁଥାଏ
ଭୂତମାନଙ୍କ ଦ୍ୱାରା ସୁରକ୍ଷିତ
ସବୁଜ ସ୍ୱର୍ଣ୍ଣାଭ ।

(୪)

ଶେଷରେ

ତାଙ୍କ ଦେହ ଛୁଆଁଛୁଇଁ

ଶୋଇରହି, ମୁଁ ପ୍ରଶ୍ନ କଲି

ତମେ ଫେରିଯିବ ?

ଉତ୍ତରରେ ତାଙ୍କର ତ୍ରିବାର ସତ୍ୟ,

'ତୁମ ସହ ଅବିଚ୍ଛେଦ୍ୟ ରହିବାକୁ

ମୁଁ ପୁନର୍ବାର ଆସିବି ଆସିବି'

ମୋର ବିଫଳ ଉତ୍ତର -

'ମୁଁ ଜାଣେ ତୁମକୁ

ତୁମର ସତ୍ୟ ଓ ମିଥ୍ୟାକୁ'

ଦୋ ଦୋ ଚିହ୍ନା

ସହସା ସେ ଦୁହିଁଙ୍କ ସଙ୍ଗେ ଭେଟ -
ଗୋଟାଏ ପାର୍କରେ -
'କିଏ' ?
ସେ ଦୁହେଁ -
ଏକାପରି ପୁଣି କିଛିଟା ଭିନ୍ନ,
ସୁର ଭିତରେ ଯେମିତି ବେସୁରା କିଛି,
ଚିହ୍ନା ମୁହଁଟା ଯେମିତି ଦୋ ଦୋ ଚିହ୍ନା,
ଜଣେ ଆକାଶକୁ, ଜଣେ ପୃଥିବୀକୁ ମୁହଁକରି
ଦୁହେଁ ଦୁହିଁଙ୍କୁ ହିଁ ଦେଖୁଥିଲେ ।
ଜଣକର ସବୁ ଅପୂର୍ଣ୍ଣତା, ଜୀବନଯାକର ବ୍ୟର୍ଥତା
ଆଉ ଜଣକର ଉଠରେ
ମୁହଁରେ, ଆଖିରେ, ହୃଦୟରେ -

ପୂର୍ଣ୍ଣତାର ଚିତ୍ର

ସହସା ମନେ ପଡ଼ିଗଲା ଜିଭ ଅଗରେ ଥିବା

ଦୁହିଁଙ୍କର ନାଆଁ -

ଆକାଶ ଆଡ଼େ ଯା'ର ମୁହଁ ସେ 'ଯୌବନ' -

ପୃଥିବୀମୁଖୀ ଯିଏ ସେ 'ଜରା'

ସେମାନଙ୍କର ସତ୍ତା ଏକାପରି, ଭିତର ଭିନ୍ନତା ହେଉଛି

ଇଡ଼ିଗଲା ଦିନର କିଛି ଅନୁଭୂତି ଏବଂ

ଅଳନ୍ଧୁଲଗା କିଛି ସ୍ମୃତି ।

ସହସା ଆବିଷ୍କାର କଲି ସେମାନେ ଦୁଇଜଣ ନୁହନ୍ତି,

ଜଣେ -

ତମେ ମୁଁ ସମସ୍ତଙ୍କୁ ଗଢ଼ି ଭାଙ୍ଗି, ଏକବାର 'ଜଣେ' -

■

ଚିହ୍ନଟ

ରାତିର ଶୂନ୍‌ଶାନ୍ ଏକାକୀତ୍ୱ ଭିତରେ
ମହମବତିର ଦୋଳାୟିତ ଶିଖା ପରି
ମନ ଭିତରେ ଭିଡ଼ିମୋଡ଼ି ହେଉଥାଏ ପ୍ରଶ୍ନଟିଏ
'ମୁଁ କିଏ ?'
ମୁଁ କି ବୁଝିବାର ସଙ୍ଗୀ,
ଆଜ୍ଞାଧୀନ ଝିଅ,
ମମତାମୟୀ ଭଗ୍ନୀ
ନା ବିଶ୍ୱାସୀ ପ୍ରେମଟିଏ ?
ଅଥବା -
ଚିର ଅଭିଯୋଗୀ ବନ୍ଧୁଟିଏ
ଝଞ୍ଜାଟରେ ଘାଣ୍ଟୁଥିବା ମୁସ୍କିଲ ପିଲାଟିଏ,
କାହାପାଇଁ ପରବାଏ କରୁନଥିବା ଭଉଣୀଟିଏ
ମିଛ ପ୍ରେମିକାଟିଏ ?

ନା -

ମୁଁ ଏକ ନିରୀହ ଅଜଣା ଅଚିହ୍ନାଟିଏ

ନିରେଖୁଛି ମୋର ବିଭକ୍ତ 'ମୁଁ'କୁ,

ମୁଁ ଅଦେଖା ଦେଖଣାହାରିଟିଏ -

ଯିଏ 'ମୋର' ଅଭିଯୋଗ ଶୁଣେ,

ମୋର ବଶଂବଦ ଅବାଧ୍ୟପଣିଆକୁ ସମ୍ଭାଳିନିଏ,

ମୋର ସ୍ନେହମୟ ବେଖାତିର ପଣିଆକୁ

ଖାତିର କରେ,

ଏବଂ

ମୋର ବିଶ୍ୱସ୍ତ ପ୍ରତାରଣାର ଯଥାର୍ଥତା

କଳିପାରେ ।

■

ପ୍ରିୟଜନ ଚାଲିଯିବା ପରେ

କାଲି

କେତେ କଥା କହିବାର ଥିଲା

ଓଃ ! କେତେ ସେ ଅସରା ଅକୁହା କଥା ।

ସମୟର ଶିରାଳ ହାତରେ

ଜାବ ପଡ଼ିଯାଇଥିବା ଲୋଚାକୋଚା ଅଚଳ ସତେଜ, କେତେ ଯେ ଭାବନା

ତୁମ ସହ ଦେଖାଚାହାଁ ପହିଲିଦିନର କଥା,

ତୁମ ସହ କଥାଭାଷା, ଭାବ ବିନିମୟର ଆଦ୍ୟ ଆଖ୍ୟାୟିକା ।

ପ୍ରତିଥର ତୁମ ସହ ଦେଖା ହେବା ପରେ

ମନର ଶାଖାଏ ଶାଖାଏ ଉଙ୍କି ମାରୁଥିବା ସବୁଜ ପତ୍ରମାନଙ୍କର କଥା,

ସମୁଜ୍ଜ୍ୱଳ ଗୋପନୀୟ ସତର୍କ କଳ୍ପନା

ତୁମକୁ ନିରେଖିବାର କିଛି ନୂଆ ଅନ୍ୱେଷା,

ତୁମ ସମ୍ପର୍କିତ କିଛି ଅଭିନବ, ଗୋପନୀୟ ତତ୍ତ୍ୱ ଏବଂ ତଥ୍ୟ
କହିବି କହିବି ହୋଇ କହିପାରି ନଥିଲି ତୁମକୁ
ଯେତେଥର ଦେଖାହୁଏ, କେଜାଣି କେମିତି କହିହୁଏ ନାହିଁ
କହିବାର ଥିଲା ଯେତେ ଯାହା
ଗୋଟିଏ ସମ୍ପର୍କର କେତେ ଯେ ଦିଗନ୍ତ, କେତେ ସ୍ୱପ୍ନ କଳ୍ପନା ଜଳ୍ପନା
କେତେ ଅଶ୍ରୁତ ମୂର୍ଚ୍ଛନା
କହିବି କହିବି ହୋଇ
ମନର ନିଭୃତ କୋଣରେ ସବୁ ରହିଗଲା ଅଶ୍ରୁତ, ସୁରକ୍ଷିତ, ସାଦର ସଞ୍ଚିତ ।

ଏବଂ ତୁମେ ଚାଲିଗଲ
ଅନ୍ତିମ ବିଦାୟ ନେଇ ନିର୍ବିଘ୍ନରେ
ଆଉ କେବେ ଲେଉଟାଣି ଫେରିବାର ନାହିଁ
ଫେରିବାର ନାହିଁ ଆଉ ସବୁଦିନ ପରି ଦିବସର କାର୍ଯ୍ୟ ସାରି
ସଞ୍ଜବେଳର ଚା' ପିଇବାର ନାହିଁ ଆଉ ସବୁଦିନ ପରି ।
ସୋଫାରେ ଆଉଜିପଡ଼ି ନିଜସ୍ୱ ଠାଣିରେ ହସିବାର ନାହିଁ ଆଉ,
ତୁମ ଘରେ, ତୁମ ଚଉକିରେ,
ଫେରିଆସି ଗୋଟିଏ ମୁହୂର୍ତ୍ତ ଆଉ ବସିବାର ନାହିଁ ।
ତୁମ ସାଦର ସଜଡ଼ା ଉଦ୍ୟାନରେ
ନିରବ ଭାଷାରେ ପତ୍ର ଫୁଲ ସହ କଥା ହେବାର ନାହିଁ ।

କିଏ ବା ନଜାଣେ, ଶୋକଗୀତି ଲୁହ ଓ ପ୍ରାର୍ଥନା,
ପୃଥିବୀରେ ଏପରି କିଛି ବି ନାହିଁ
ଯାହା ଆଉଥରେ, ଠିକ୍ ତୁମରି ରୂପରେ
ଫେରାଇଦେବ ତୁମକୁ
ଅଥଚ ଏସବୁ ତ କରିବାକୁ ହୁଏ
ବିଦେହ ଆତ୍ମାର ସଦ୍‌ଗତି ପାଇଁ।
ଥାଉ -
ଅନୁଗ୍ରହ କରି ସାନ୍ତ୍ୱନା ଦିଅନି ମତେ
ଏପରି ମୁହୂର୍ତ୍ତରେ ଉଚ୍ଚାରିତ ହେଲେ ଗୋଟିଏ ମାତ୍ର ଶବ୍ଦ
ଲୁହ ପାଲଟିଯିବ ଅକାତ ସମୁଦ୍ର !
ମୁଁ ଜାଣେ -
ଲୁହର ସମୁଦ୍ରରୁ ମାପିହୁଏ
ଶୋକର ତୀବ୍ରତା
ଚିରାଚରିତ ହୃଦୟାବେଗ ଓ ବ୍ୟଥା, କାଳକ୍ରମେ ପାଲଟିଯାଏ ପ୍ରଥା !

ଅଥଚ, ମତେ ଛାଡ଼ିଦିଅ ମୋ ବାଟରେ
ମୋ ରୀତିରେ, ଏକାନ୍ତରେ ଶୋକାଭିଭୂତ ହେବାପାଇଁ
ଯାହାଙ୍କୁ ନିକଟରୁ ଜାଣିଥିଲି, ତାଙ୍କ ବିୟୋଗରେ।
ମୁଁ ଆପେ ଆପେ ସମ୍ଭାଳିନେବି ସମୁଦ୍ର ଜୁଆରକୁ।
ଅତଡ଼ା ଧସିବା ପୂର୍ବରୁ ଧୈର୍ଯ୍ୟର ବକ୍ଷକୁ,
କେଉଁଠି କିଛି ତ୍ରୁଟି ରହିଯାଇଥିବାର ଆତ୍ମଗ୍ଲାନିକୁ।
ତୁମ ପାଇଁ ଅନେକ କିଛି କରିବାର ଥିଲା
ଯାହା ପାରି ନାହିଁ-
ତୁମସହ ଅନେକ କଥାରେ କାହିଁକି ବା ଏକମତ ହେଲି ନାହିଁ ?
ତୁମ ସହ ଆହୁରି ଅଧିକ ମୁହୂର୍ତ୍ତ ବିତାଇବା ଉଚିତ ଥିଲା
ଅଥଚ ପାରି ନାହିଁ,
ଜଣେ ଚାଲିଯିବା ପରେ ଏମିତି ଥାପୁଡ଼େଇଦେବାକୁ ହୁଏ ଅଯଥା,
ଅବୁଝା ଗ୍ଲାନିକୁ।
ଓଃ - କେତେ ଶୀଘ୍ର ସମୟ ବହିଯାଏ ଇହଜନ୍ମରୁ ପରଜନ୍ମକୁ।

ଅବିଳମ୍ବେ -

ତୁମ ଜୀବନର ସମଗ୍ରତା

ତୁମର ଈର୍ଷା ଉଦ୍ରେକକାରୀ ସଫଳତା

ତୁମର ଅନନୁକରଣୀୟ ବ୍ୟକ୍ତିତ୍ୱ

ସବୁ ପାଲଟିଯିବ କଣିକାଏ ବ୍ୟଥା

ମୋ ନିଭୃତ ସ୍ମୃତିରେ

ଜୀବନ ବହିଯିବ ତା' ବାଟରେ

ବଞ୍ଚି ରହିବାକୁ ହେବ, ଇହଲୋକରେ।

ମୁଁ ବଞ୍ଚିବି,

ଆଗ ପରି,

ଦାୟିତ୍ୱ ଓ କର୍ତ୍ତବ୍ୟ ଭାରରେ ସେମିତି ବ୍ୟସ୍ତ

ଆଜିକୁ ଅବଜ୍ଞା କରି କାଲି ପାଇଁ ଚିର ସନ୍ତାପିତ,

ମୁଁ ସ୍ୱାଭାବିକ ଭାବେ ଖାଇବି, ଲେଖାପଢ଼ା କରିବି,

ଗୀତ ବି ଗାଇବି ଏବଂ ହସିବି।

କିନ୍ତୁ ସବୁକିଛି ଘଟୁଥିବ ତୁମ ଅନୁପସ୍ଥିତିରେ,
ସତେ ବା କିଛି ଅଘଟଣ ଘଟି ନାହିଁ
ଯେମିତି ତୁମେ ଏଠି ନାହଁ ବୋଲି, ଅଟକି ଯାଉନି କିଛି କଥା
ତୁମ ଉଦ୍ୟାନରେ ଫୁଲ ଫୁଟୁଥିବ ବଦଳୁଥିବ ଋତୁ ତା' ରୀତିରେ,
ଆଜି ଆଉ କାଲି,
ତୁମେ ଥିବା ଆଉ ନଥିବା ଭିତରେ
ଯାହାକିଛି ଶୂନ୍ୟସ୍ଥାନ - ଯାହା କିଛି ପରିବର୍ତ୍ତନ,
କେବଳ ମୋ ବ୍ୟତୀତ,
ଆଉ କାହାରିକୁ ଦୃଶ୍ୟ ହେବ ନାହିଁ
କାହାରି କିଛି ଅଟକି ଯିବନି,
ସ୍ୱାଭାବିକ ଭାବେ ବଞ୍ଚିବାର ପାଇଁ।

(ଜଣେ ପ୍ରିୟଜନଙ୍କ ସ୍ମୃତିରେ)

■

ଅପେକ୍ଷା

ନିରନ୍ତର ପଳାୟନ
ନିୟତ ପ୍ରତୀକ୍ଷା ।
କେବେ ଆସିବ ସେଇ ମାହେନ୍ଦ୍ର ମୁହୂର୍ତ୍ତ
ସାମ୍ନା କରିବାକୁ
ମୋ ନିଜ ସହ - ମୋର 'ମୁଁ' ସହ,
ମୋର ଏକାନ୍ତ ଗୋପନୀୟ ସତ୍ତା ସହ -
ଯିଏ ଫୁଲପରି ପାଖୁଡ଼ା ମେଲିଦେବ ମୋର
ଜୀବନ, ସ୍ୱପ୍ନ ଏବଂ ବାସ୍ତବତାକୁ
କିମ୍ବା କରିଦେବ ମୁଠାଏ ଭସ୍ମ !

ଚମ୍ପା ଫୁଲ

ମତେ ତୁମେ ଡାକିପାର ଯେକୌଣସି ନାମରେ
ଦିଅ ଯାହା ବି ଭୂମିକା
ମାଗ ଯାହା ମାଗିବାର ମନ
ମୁଁ ସମର୍ପିତା
ଅନ୍ଧ ତପସ୍ୟାରେ
ତୁମରି ପ୍ରେମରେ ।

ଶ୍ୱେତ ଅବା ହଳଦିଆ
ବାଛି ନିଅ ଯେଉଁ ରଙ୍ଗ
ତୁମ ମୁହୂର୍ତ୍ତ ମୁହୂର୍ତ୍ତର ଇଚ୍ଛାରେ
ପୂର୍ଣ୍ଣ ସ୍ୱାଧୀନତାରେ ।

ତୁମେ ଏବେ ବି ବୁଝିନାହଁ ମତେ
ତୁମ ବଗିଚାର ସତେଜ ପ୍ରସୂନ
ଅବା ତୁମେ ଧରିଥିବା ପେପରଓ୍ୱେଟ୍‌ର
ବିଭୋର ତମ୍ୱା ଫୁଲ ।

ମୁଁ ମନ୍ଥିତ ହୁଏ ଚିରକାଳ
ଆଉ କିଛି ଚାରା ନାହିଁ
ଚାଲିବାକୁ ହେବ ଆଗକୁ ପଡ଼ିଥିବା
ଏକତରଫା ରାସ୍ତାରେ ।

ତୁମେ ଅଛ

କୁହୁଡ଼ି ଢାଙ୍କି ହୋଇ
ସାମ୍ନାରେ ଶୋଇଥିବା ରାସ୍ତା
କଳଙ୍କି ଲାଗିଥିବା ଚଲାପଥ
ସ୍ମୃତି ସବୁ ପଡ଼ିଥାଏ
ଛାଡ଼ିଆସିଥିବା ରାସ୍ତାରେ।
କିନ୍ତୁ ତୁମେ ହାତ ବଢ଼ାଇଛ
ଯିବା ପାଇଁ ଆଗକୁ ଆଗକୁ
ତୁମେ ଦେଖାଇଛ ପଥ
ନିତିଦିନ ଜୀବନର ସଂଘର୍ଷ ଭିତରେ।
ଯେଉଁ ମୋଡ଼ରେ ବାଙ୍କିବାକୁ ହୁଏ, ଅବିଶ୍ୱାସର ସହ
ସବୁ ସମୟରେ ତୁମେ ଅଛ,
ରହିବ ଚିରକାଳ।

ସେପ୍ଟେମ୍ବର ଗୀତ

ଭଙ୍ଗୁରତା
ଶୂନ୍ୟରେ ମିଳେଇଯାଏ ଶିଶିର ଭଳି
ଆଲୋକ ଏବଂ ଛାୟା
ଉଜ୍ଜ୍ୱଳତା ଓ ମଳିନତା
କିଛି ବି ଚିରନ୍ତନ ନୁହେଁ।
କେବଳ ଢେଉ ଢେଉକା ପ୍ରେମ
ରହିଯାଏ ସମୟ ସେପାରେ
ଚିରକାଳ ଚିରକାଳ।

ଆସ ବୟସକୁ ହଜାଇଦେବା

ଏବଂ ଅକସ୍ମାତ୍ ବୟସ ସ୍ଥିର ହୋଇଗଲା।
ମୋ ଆଖିରେ ଆଖି ମିଳାଇଲା।
ଠେଲିଦେଲା ପାହାଡ଼ ଆରପାରିକୁ
ଉଚ୍ଚା ନିଚ୍ଚା ପଥର ଉପରେ ଗଡ଼ିଯିବା ପାଇଁ।

ଆଲୁଅ ମଉଳିଲା
ଝାପ୍‍ସା ହେଲା ତେଜ
ଆଇନା ଭିତରେ ଆଦରି ନେଲି ମୁହଁକୁ
ଦେଖୁଥିବି ଏମିତି କିଛି ଅଲଗା ଦିଶୁନି
ସବୁ ରାତିର ବୟସ ବଢ଼େ
ନୀଳ ପରଦାରେ ଝଟକୁଥିବା ଜହ୍ନକୁ ଭେଟେ
ସେହି ଜହ୍ନ ସେହି ଜହ୍ନ
ମାତ୍ର ଅବିକଳ ସେ ନୁହେଁ।

ଲୋଚାକୋଚା କୁଞ୍ଚିତ ଚର୍ମକୁ ସାଉଁଟୁଥାଏ
ଦୀର୍ଘପଥର ଜୀବନଗାଥା
ଏବଂ ଯେତେବେଳେ ପଢ଼େ ତାକୁ
ମୁକ୍ତ ହୋଇଯାଏ ହଜିଯାଇଥିବା ସ୍ୱର୍ଣ୍ଣ କଣିକାରୁ
କରତାଳି ଦିଏ ବର୍ଷା ଦ୍ୱିପହର।

ସମସ୍ତେ ବିଦାୟ ନେବା
ହରାଇବା ତିଆରେ ଆମକୁ
ଏକ ଭଙ୍ଗା ଖେଳକୁ
ପ୍ରିୟତମ ବିଦାୟ ପର୍ଯ୍ୟନ୍ତ
କିନ୍ତୁ ସେପର୍ଯ୍ୟନ୍ତ
ମତେ ନିବିଡ଼ ଭାବେ ଭଲ ପାଇବାକୁ ଦିଅ
ଦିଅ ମଧୁର ସ୍ୱପ୍ନ
ଏଇ ତ ଆରମ୍ଭ ମାତ୍ର।

ନିଃସଙ୍ଗ ପୋତ

ସମନ ଧରି ଆସିଛି ମୁଁ
ପାଳନ କରିବା ପାଇଁ ଏକା ଏକା
ନିଜ ପାଇଁ ମିଳିଥିବା ନିର୍ଦ୍ଦେଶ।
ନିର୍ବାଚିତ ହୋଇଛି ମୁଁ
ଜନ୍ମ ନେବା ପାଇଁ
ଏବଂ,
ଆପଣାର ନିର୍ଦ୍ଧାରିତ ଦୁଃଖ
ଆପେ ସହିବାକୁ।
ଦୁଃଖର ଜଉଘରେ ଥାଇ ମୁକ୍ତ ମୁଁ
ସେଦିନ ଦେଖିଲି ସୂର୍ଯ୍ୟର ଝଡ଼ରେ
ଅପହଞ୍ଚ ଦୂରତାରେ

ବେଳାଭୂମିରୁ ଅନେକ ଦୂରରେ
ଚତୁର୍ଦ୍ଦିଗରେ ଗହ୍ବର ସୃଷ୍ଟି କରିଛି
ତରଙ୍ଗିତ ସମୁଦ୍ର
ଆଉ ତରଙ୍ଗର ଶିଖରବିନ୍ଦୁରେ
କେଉଁ ଧ୍ରୁବ ପଥରେ ଭାସିଯାଉଥିବା
ନିଃସଙ୍ଗ ପୋତର
ଏକାକୀ ପାଲ ଉଡୁଛି –
ଆଗରେ ପୋତାଶ୍ରୟ ଅଛି କି ନା
ଜଣାନଥିଲେ ବି
ଯିଏ ସୂର୍ଯ୍ୟଝଡ଼ର ମୁକାବିଲା କରିବାକୁ
ଛାତି ପତେଇଛି ।

ଆଖିରେ ଆଖିରେ

କଳା ଝିଅ (୧)

ଏ ରଙ୍ଗ, ଜଗତର ନାଥ ଜଗନ୍ନାଥଙ୍କର
ମୋ ଶ୍ୟାମଳ ତ୍ୱକ୍‌ର ରେଣୁରେ ରେଣୁରେ
କଳାଠାକୁର ପ୍ରତିଭାତ ।
କିନ୍ତୁ ଏରୁଣ୍ଡିବନ୍ଧରେ ଅଟକି କିଆଁ ଯାଉଛି ପାଦ !
ହେ ଯାତ୍ରୀ, ବାହାରୁ ରଙ୍ଗ ଦେଖନି
ଅନ୍ଧ ହୋଇଯିବ ଆଖି !
ସିଂହଦ୍ୱାର ଖୋଲା ଅଛି,
ଭିତରକୁ ଚାହଁ -
ନୟନାଭିରାମ, ରମଣୀୟ ଜଗନ୍ନାଥ ଘନକୃଷ୍ଣ
ବିଭୋର ହୁଅ, କିମ୍ବା ଆଖି ବୁଜିଦିଅ -
ସୁବର୍ଣ୍ଣ ଆଉ ଇସ୍ପାତରେ ଗଢ଼ା ମଣିଷ ।

କେବଳ ସୁବର୍ଣ୍ଣରେ ଫୁଟିଉଠେନି କାରୁକାର୍ଯ୍ୟର ବ୍ୟକ୍ତିତ୍ୱ
ମୋ ତ୍ୱକ୍ ଦେହ ମୁହଁ ମୁଁ ନୁହେଁ
ମୁଁ ହେଉଛି 'ମୁଁ' –
ଅନନ୍ୟ – ମୁଁ –
ମୋର ମଲ୍ଲୀହସ ଫୁଟିଯାଏ, ଲୋଟିଯାଏ ବାସ ପରି
କେତେ ଆତ୍ମବିଶ୍ୱାସୀ ଝିଅ !
'ବିବାହ !'
ଗୋଡ଼ହାତ ବାନ୍ଧି ନଈକୁ ଫିଙ୍ଗିଦେବାର ଅର୍ଥ
ସନ୍ତରଣ ନୁହେଁ, ଥାଉ –
ଯେବେ ଦେଖାହେବ ତାଙ୍କ ସଙ୍ଗେ
ବଳେ ଜୁଆରିଉଠିବ ସମୁଦ୍ର,
ନଦୀ ହେବ ସ୍ଥିର ନିସ୍ତରଙ୍ଗ ।

କାଳୀ ବୋହୂ (୨)

ସେଇ ଆଦ୍ୟ ମିଳନର ଲଗ୍ନ
ଓଢ଼ଣା ତଳୁ ଲାଜ ଲାଜ ହସ
ସଜାଡ଼ି ନେଉ ନେଉ ନିଜକୁ ଅଚିହ୍ନା ଶେଯର ଭାଙ୍ଗରେ
ସେଇ ଅଚିହ୍ନା ମୁହୂର୍ତ୍ତରେ
ଆଖି କଥା କହେ, ଗୀତ ଗାଏ ପ୍ରଶ୍ନ କରେ-
କାହିଁକି, କେମିତି ହେଲା ଆମର ପ୍ରେମ !
ତମେ କ'ଣ ଡେଇଁଗଲ ଏରୁଣ୍ଡିବନ୍ଧ
ସିଂହଦ୍ୱାର ଖୋଲିଦେଲ-
ଅରୁଣସ୍ତମ୍ଭ ପାରି ହୋଇଗଲ,
ଚନ୍ଦନ ଅର୍ଗଳି ଟପିଗଲ !
ଦାଉ ଦାଉ ଜଳୁଥିଲା
ଉଦୟଭାନୁ ପରି ସୌଭାଗ୍ୟ ସିନ୍ଦୂର
ବିମଳାଙ୍କ ମଥାରେ,
କାଳୀ ବୋହୂର କପାଳରେ ।

କାଳୀ ମା' (୩)

ମା' କାଳୀ ନୁହେଁ, ଗୋରୀ ନୁହେଁ
ମା'ର ରଙ୍ଗ କ'ଣ ?
ବାତ୍ସଲ୍ୟ ମମତାର ରଙ୍ଗ ଦେଖିଛ ?
ମା'ର ରଙ୍ଗ ମା' ପରି ମଧୁର, କୋମଳ, ସ୍ନିଗ୍ଧ
ମୋ ଝିଅର ରଙ୍ଗ ?
ଝିଅ କେବେ କଳା ଦିଶେ ?
ଝିଅ ଉଦିଆ ଚାନ୍ଦ
ମଥାମଣି, ପ୍ରଜ୍ଞା ସରସ୍ୱତୀ
ପ୍ରଜ୍ଞାର ରଙ୍ଗ କ'ଣ ?

ଉଇଁ ଆସୁଛି ବ୍ରହ୍ମାଣ୍ଡ

ଗଛର ସୁରକ୍ଷିତ ଶାଖାରେ ଉଙ୍କିମାରୁଛି
ମେଘଭିଜା କିଶଳୟ,
ବହିଯାଉଛି ତୁଷାରିତ ପର୍ବତ ସମୁଦ୍ର ଛାତିକୁ
କାନନେ କାନନେ ଲାଗିଛି ଫୁଲମାନଙ୍କର
ଉଦ୍ଦାମ ମହୋତ୍ସବ
ଚତୁର୍ଦିଗରେ ଜୀବନ,
ପୂର୍ଣ୍ଣ-ପରିପୂର୍ଣ୍ଣ।
ଏବଂ ଆଜି ପ୍ରକୃତି ସହ କଥାଭାଷା,
ଭାବ ଦିଆନିଆ, କୋମଳ ଛୁଆଁଛୁଇଁ
ମୋ ଭିତରେ ନିରନ୍ତର।

ମୋ ଅନ୍ତର୍ଭୂମିରେ କୋମଳ, ମଞ୍ଜୁଳ
ଚୂନା ଚୂନା ଢେଉ ଭାଙ୍ଗି
କିଏ-ପ୍ରଜାପତିର ସାନ ସାନ ଡେଣା ପିଟିଦିଏ
କୌତୁକରେ - ଗେଲ ହୋଇ ଚିଡ଼ାଇବା ପାଇଁ,
କିନ୍ତୁ ସେ ମତେ କରିଦିଏ ଅମୃତ ଜୁଡୁବୁଡୁ
ରୋମାଞ୍ଚିତ ।
ମୋର ଅନନ୍ତ ଗଭୀରତାରେ
ମଧୁଚକ୍ର କାଟି କିଏ ଗୁଞ୍ଜରିତ ହୁଏ
ଶବ୍ଦହୀନ କେଉଁ ଭାଷାରେ
ଅଥଚ ମନ୍ତ୍ରିତ କରିଦିଏ ମୋର ସମଗ୍ରତାକୁ
ପ୍ରଣବ ଓଁକାରରେ !

ଅଚିହ୍ନା ଅନୁଭବ, କିନ୍ତୁ ଚିରପରିଚିତ
କେଜାଣି କେତେ ଜନ୍ମଧରି ପ୍ରତୀକ୍ଷା କରିଥିଲି ତାକୁ
ପବିତ୍ର ଆବେଗରେ।
ଆସନ୍ତି ସେମାନେ
ଅନାହୂତ, ଅଥଚ ଆକାଂକ୍ଷିତ
କେତେ ସ୍ୱପ୍ନ, ଶୁଭେଚ୍ଛା
ଓ ଉପଦେଶର ଚାଙ୍ଗୁଡ଼ି ଧରି
ପୁତ୍ରବତୀ ଭବ
ପୁତ୍ରବତୀ ଭବ
ପୁତ୍ରବତୀ ଭବ
ମନ୍ତ୍ରିତ, ମନ୍ଥିତ, ଦୁନ୍ଦୁଭିତ କରି
ମୋର ତ୍ରିଭୁବନ।
ବଂଶ ରକ୍ଷାକାରୀ ପୁତ୍ର
ସ୍ୱପ୍ନ ସାର୍ଥକକାରୀ ପୁତ୍ର
କୁଳପ୍ରଦୀପ ପୁତ୍ର
ମୋ ପାଇଁ କେବଳ ମାତ୍ର ଅଭିପ୍ରେତ !

କୋମଳ ପାବନ ଜୀବନ କିଶଳୟ
ମୁକୁଳି ନଆସୁଣୁ ଅଲିଭା ଅକ୍ଷରରେ
କିଏ ଲେଖିଦେଲା ଏଇ ରକ୍ତାକ୍ତ
ଦିଆନିଆର ସମ୍ପର୍କ !
ଈଶ୍ୱର ମଧ୍ୟ ବନ୍ଧା
ଏଇ ଦିଆନିଆ ସମ୍ପର୍କର ଅଧ୍ୟାତ୍ମ ଡୋରିରେ !
ଯାଅ -
ପ୍ରତି ସୋମବାର ଭୁବନେଶ୍ୱର-ଲିଙ୍ଗରାଜ ମନ୍ଦିର
ବାଢ଼ିଦିଅ ଅର୍ଘ୍ୟ କନ୍ଦ ଓ ନବାତ
ଖଣ୍ଡ କ୍ଷୀର, ପୁଷ୍ପ, ମଧୁ,
ଜାଳିଦିଅ ଅଖଣ୍ଡ ପ୍ରଦୀପ
ଅଗାଧ ବିଶ୍ୱାସ ରଖ
ଫେରିବ ନାହିଁ ରିକ୍ତ ହାତରେ

ନିଶ୍ଚିତ ଫଳପ୍ରାପ୍ତି –
ପୁତ୍ର, ବଂଶରକ୍ଷାକାରୀ ପୁତ୍ର
କୁଳନନ୍ଦନ ପୁତ୍ର
ଆସିବ – କୋଳ ମଣ୍ଡନ କରିବ
ମାତୃତ୍ୱକୁ କରିବ ସାର୍ଥକ ।
ଅବଶେଷରେ ଯଦି ବ୍ୟର୍ଥ ହୁଏ
ପୁତ୍ରକାମୀ ଅର୍ଘ୍ୟ, ତେବେ ଧରିନିଅ
ଇଚ୍ଛାମୟଙ୍କର ତାହା ହିଁ ଇଚ୍ଛା ।
କନ୍ୟାଟିଏ ଆସିବ ତ ଆସୁ !
ଧରିନିଅ ତାହା ହିଁ ଭାଗ୍ୟ
ମଣିଷର ଚାରା କ'ଣ ?
ଭାଙ୍ଗିରୁଜି ଯିବାର କିଛି ନାହିଁ ।

ଇଏ ତ ପ୍ରଥମ !

ଏବଂ କ'ଣ ବା ପ୍ରଭେଦ ଅଛି

ପୁତ୍ର କନ୍ୟାରେ

ହେବନି ସେ ଊଣା ସ୍ନେହ ସରାଗରେ ପୁତ୍ରଠାରୁ

କୌଣସି ଗୁଣରେ ।

କିନ୍ତୁ

ତାକୁ ମାଠିମୁଠି, ନିଦା ଓ ନିବୁଜ କରି

ଗଢ଼ିଦିଅ ତପସ୍ୟା ପଥରେ

କରିଦିଅ ଆପଣା ଶକ୍ତିରେ ସମର୍ଥ

ଆତ୍ମନିର୍ଭରଶୀଳ,

ଘରେ ଓ ବାହାରେ ସବୁଥିକି କ୍ଷମ

ଶକ୍ତିମୟୀ ଦଶଭୁଜା ।

ବାଜିରଖ

ଅଭାବ ହେବେନି ତା' ପାଇଁ ବରପାତ୍ର !

ନାରୀଜନ୍ମର ନିୟତି ଓ ଲକ୍ଷ୍ୟ !!

ଶୁଣ -

ଆଶ୍ୱାସନାର ବାଣୀ ବନ୍ଦ କରି ଶୁଣ,

ମାତୃତ୍ୱର ଏ ଅକପଟ ଉଦ୍‌ଘୋଷ -

କାହାରି ସ୍ୱପ୍ନ ଓ ଅଭିଳାଷକୁ

ଭ୍ରୂକ୍ଷେପ କରେ ନାହିଁ ମୁଁ

ମୋ ଭିତରୁ ଉଇଁଆସୁଛି ନବୋଦିତ

ନିର୍ଲିପ୍ତ ବ୍ରହ୍ମାଣ୍ଡ

ଅନେକ ପ୍ରଶ୍ନ ଓ ରହସ୍ୟର

ଚାବିକାଠି ଧରି ସେ ଆସୁଛି

ଭବିଷ୍ୟତକୁ ସତର୍କ କରି ସେ ଆସୁଛି

ସେ ମୋର ମୋ ହୃଦୟର

ମୋ ରକ୍ତ ମାଂସର, ମୋ ଆତ୍ମାନନ୍ଦର, ମୋ ଭାବକୋଷର

ମୋ ବ୍ରହ୍ମାଣ୍ଡର

ସେ ଅବିଚ୍ଛିନ୍ନ ଅଂଶ ।

ଭାଇ

'ଭାଇ' !
କିଏ ସେ ବିନ୍ଧାଣି
କୋଟି ବ୍ରହ୍ମାଣ୍ଡର ପବିତ୍ର ଉଲ୍ଲାସକୁ ଲେଖିଦେଲା ଗୋଟିଏ ଶବ୍ଦରେ,
ସୁବର୍ଣ୍ଣ ଖୋଦେଇ କରି ଥାପିଦେଲା, ମୂର୍ତ୍ତିଟିଏ ଆତ୍ମାର ବେଦିରେ।
ଧୂଳିଖେଳର ସାଥୀ ମୋର ଭାଇ,
କେତେ ଗୋପନୀୟ ଅନ୍ତରଙ୍ଗ କୌତୁକର ଅନ୍ଧାରି ଯୋଜନା
ଖେଳରେ ହାରଜିତ୍, କିଏ ବେଶୀ ଗେହ୍ଲା, କିଏ ଭଲପିଲା
ନିଚ୍ଛଳ ନିରଭିମାନ ବଳ କଷାକଷି
ଟ୍ୟୁସନ ସାରଙ୍କଠୁ ଖସିଯିବାର ଫାନ୍ଦ
ପୁଣି ରାତି ଜାଗି 'ଗୃହପାଠ' ପରୀକ୍ଷା ପ୍ରସ୍ତୁତି
କେତେ ସ୍ନେହ ଦିଆନିଆ ଆଦର ସୋହାଗ
କେତେ ପୁଣି ବିନାମେଘେ ବଜ୍ରପାତ କୋମଳ ଈର୍ଷାର,
ବାଦବୁଦିଆର ଚପଳ ଜିଦାଜିଦ୍‌ର, କର ଅବା ମର
ଯୁଦ୍ଧ ହୁଂକାର।

ଭାଇ ମୋର, ସେତେବେଳେ କିଏ ଜାଣିଥିଲା ଯେ
କେତେ ଦଗାଦିଆ ବାଲ୍ୟକାଳ
ଅପହୃତ ହୋଇଯାଏ ସକାଳ ଶିଶିର ଭଳି କ୍ଷଣସ୍ଥାୟୀ ନିର୍ମମ ନିଷ୍ଠୁର ।
କୈଶୋରର ବଢ଼ନ୍ତ ନଦୀରେ ଭାସିଗଲା ନିର୍ମଳ ସକାଳ
ମୋ ଭିତର ସାନଝିଅ; ଚମକି ଚାହିଁଲା ଦିନେ ନିଜକୁ ଏବଂ ଭାଇକୁ
ସମ୍ମୁଖରେ ଉଭା
ଯୌବନର ଉଜ୍ଜ୍ୱଳ ଖରାରେ ଦୀପ୍ତ
ପରିତ୍ୟକ୍ତ କୈଶୋରର ଶେଷ ପାହାଚରେ
ଭାଇ ମୋର ବଢ଼ନ୍ତ ପୁରୁଷ !
ଭାଇ ! ସବୁକଥା ସମସ୍ତଙ୍କୁ କହିହୁଏ ନାହିଁ
ଯାହା କହିହୁଏ ତୋ ପାଖରେ ନିଃସଙ୍କୋଚ
କେତେ କେତେ ଗୋପନୀୟ ଅନ୍ତରଙ୍ଗ ସତ୍ୟ
ତୋ ଉପରେ ଅନନ୍ତ ବିଶ୍ୱାସ ।
ଭରସା ବି କରିହୁଏ, ଗ୍ରହଣ ବି କରିହୁଏ ତୋ'ର ପରାମର୍ଶ ।

କେବେ ପୁଣି ରାଗ, ରୁଷା, ସାନ ସାନ ସର୍ତ୍ତ ଅନାଦାୟେ
"ସବୁ କଥା କହିଦେବି, ଖୋଲିଦେବି ଜାଣିଥା ଗୁମର"
ଧମକ, ଚମକ ପୁଣି ତା'ପରେ ପାଟି ଫିଟାଫିଟି ବନ୍ଦ।
ମନକଥା କୁହାକୁହି ଟୁକୁରା କାଗଜର ଅଙ୍କାବଙ୍କା ଅକ୍ଷରରେ
ଅଭିମାନ ପାଣି ଫାଟିଯାଏ, ଚିଠିରେ ଚିଠିରେ।
ଶୀତଳ ଯୁଦ୍ଧର ସମାପ୍ତି ଘୋଷିତ ହୁଏ
ଇନ୍ଦ୍ରଧନୁ ହସ କୌତୁକରେ ବର୍ଷାରେ ବର୍ଷାରେ
ଶରତ ହେମନ୍ତ ଶୀତ ପାଣିପରି ବହିଯିବା ପରେ

ବୈଶାଖ ମାସରେ ।
ତତେ ମୁଁ ଝୁରୁଛି ଭାଇ ମୋର !
ହଷ୍ଟେଲରେ ନିରୋଳା ସେ କକ୍ଷ
ଆମ ଦୈହିକ ଦୂରେଇଯିବାର, ସେଇ ଥିଲା ପ୍ରଥମ ମୁହୂର୍ତ୍ତ
ଯେତେବେଳେ ତୋର, ମୋର, ଆଉ କା'ର ଭାବନାରେ
କବି ପାଲଟିଲି, ଲେଖିଲି ମୁଁ ତୋ ପାଖକୁ
କେତେ ମହାକାବ୍ୟ ଓ କବିତା
ଆମ ସ୍ନେହ, ବାଲ୍ୟସ୍ମୃତି, ଆମ ଦୂରତ୍ୱର କେତେ ମନକଥା ।
ଭଙ୍ଗାରୁଜା, ଖେଳଣା କଣ୍ଢେଇ,
ଚିରା ଫଟା 'ଟେଡ଼ିବିଅର'ଙ୍କୁ ନିରର୍ଥକ ଖୋଜିବାର ବ୍ୟଥା ।
ସେଦିନ ଫେରିଲୁ ଭାଇ, ବାଜୁଥିଲା ସେହାନାଇ ଆମ ଦାଣ୍ଡପଟେ
ଚିରାଚରିତ ସେ ମୋ 'ବଧୂବେଶ'ର ବର୍ଣ୍ଣାଢ଼୍ୟ ଆଭାରେ
ଭାଇ ମୋର ଖୋଜି ହେଉଥିଲୁ ମୋ ଆଖିରେ ଭେଦିଯାଇ ଅନ୍ତରକୁ

ମୋ ଖୁସି ଓ ସଲ୍ଲଜ ହସର ସତପଣିଆକୁ ।
ଜୋଇଁଙ୍କ ବାଟବରଣି, ବରଯାତ୍ରୀ ଚର୍ଚ୍ଚା, ହାତଗଣ୍ଠି,
ଅଗ୍ନିସାକ୍ଷୀ, କନ୍ୟା ସମର୍ପଣ
କେତେ ଶୀଘ୍ର ସରିଯାଏ ବାପଘରେ ଗେହ୍ଲାପଣ ମୁକୁଳା ଜୀବନ !
ମୁହୂର୍ତ୍ତକ ଝିଅବିଦା, କୋଳେଇ କୁଣ୍ଢେଇ ଦ୍ୱାରବନ୍ଧ ଡିଆଁଇଲୁ
ବିଦା କରିଦେଲୁ - ଗେହ୍ଲା ଭଉଣୀକୁ
ଛାତିରୁ ଛଡ଼ାଇ ତୋର, ଲୁହଲାଳ ଏକାଖଣ୍ଡ ଭଉଣୀକୁ
ପରଘରି କରିଦେଲୁ, କାନ୍ଦଣା ଲହରୀକୁ କାନ ବୁଜିଦେଲୁ
ଠିଆ ହୋଇଥିଲୁ ପଥର ପାଲଟିଯାଇ
ପୁରୁଷପୁଅର ମୁହଁଟାଣ ନେଇ ବିଦାୟବେଳାରେ

ବର୍ଷ ପରେ ବର୍ଷ ବିତିଯାଏ
ଧରାବନ୍ଧା ଜୀବନର କର୍ତ୍ତବ୍ୟ ଚାପରେ
ତୁ ତ ସାକ୍ଷୀ, ମୋ' ଜୀବନର ଅଗ୍ରାଧିକାର ବଦଳିଯିବାର
ତୁ ତ ସାକ୍ଷୀ ମୋ ଭୂମିକା ଅନ୍ତରାଳେ
ଅପହୃତ ବାଲ୍ୟ ଓ କୈଶୋର
ଆମ ନିର୍ମଳ ସ୍ନେହର
ମୁହଁଛପା ଦେଇ କାନ୍ଦିବାର ।

ତୁ ଯୋଉଠି ବି ରହ

ଯେତେ ପାର୍ ବଦଳି ବି ଯାଆ

ଚିରଦିନ ତୁ ମୋର ବାଲ୍ୟସାଥୀ କୁନିଭାଇ, ଗେହ୍ଲାଭାଇ ମୋର

ତୁ ମୋର ମନୋବଳ, ଶକ୍ତି ଓ ସାନ୍ତ୍ୱନା

ମୋ ଆତ୍ମବିଶ୍ୱାସ ଭିତରେ ଅଛୁ

ମୋ ନିଃଶ୍ୱାସ ପ୍ରଶ୍ୱାସରେ

ବହୁଛୁ ଧମନୀ ଓ ଶିରା ପ୍ରଶିରାରେ

ମୋ ପ୍ରାଣର

ମୋ ରକ୍ତର ଭାଇ !

ଜନ୍ମ ଜନ୍ମାନ୍ତର ।

■

ହାତମୁଠାରେ ଆକାଶ

ପାହାଡ଼ରୁ ପାରାଖ୍ (ଝରଣା) ଫିଟିଲା ପରି
ବଣ୍ଡା ଇଙ୍ଗର-ବଏ (ତରୁଣ) ଅନର୍ଗଳ ହସୁଥିଲା
ହଳଦିଆ ଦାନ୍ତ ଦେଇ କସରା ହସ, ଓସାର ହୋଇ,
ମୁହଁସାରା ଭେଦିଯାଉଥିଲା ।
ବଣ୍ୟଜନ୍ତୁର ଗରିମାରେ ଗଛ ଉପରେ
ବସିଥିବା ବଣ୍ଡା ଇଙ୍ଗରବଏ
ସାପ ପରି ଖସିଆସିଲା ତଳକୁ
ମୋ ଆଡ଼କୁ ପ୍ରସାରିଦେଲା ତା'ର ହାତ...
ତା'ର ଟାଆଁଶା କରଡ଼ା ପାପୁଲିରେ ଛନ୍ଦାଛନ୍ଦି ନଇନାଳର
ଛକିକଟା ଝୋଲା ବ୍ୟତୀତ,
ଆଉ ଦେଖିବାର କ'ଣ ଥିଲା !
ମୋ ଜ୍ଞାନର କାତରେ
ତା' ଖୁସିର ଗହୀରତା
ମୁଁ ମାପି ପାରିଲି ନାହିଁ -

ଏବଂ ସେଇଥିପାଇଁ
ପଥର ଉପରେ ବର୍ଷା ଛେଚି ହୋଇଗଲା,
ବଣ୍ଠା ତରୁଣର ଠୋ ଠୋ ହସରେ -
ଦୂଷିତ ହସର ବାମ୍ଫ ମୋ ମୁହଁ ଉପରେ ବିଞ୍ଚିଦେଇ
ସେ -
ଗଛ ଉପରକୁ ଉଠିଯାଇ, ଆକାଶକୁ ହାତ ବଢ଼େଇଲା
ଏବଂ ଗୋଟାକଯାକ ଆକାଶ ତା' ହାତମୁଠାରେ ଏବେ ବନ୍ଦୀ
ସୂର୍ଯ୍ୟର ତର୍ଲା (ବାଉଁଶପାତିଆରେ ତିଆରି ବର୍ଷାତି ଟୋପି)
ଯାହା ଗାଢ଼ା ଅନ୍ଧାରରେ
ଜହ୍ନ ଭଳି ଦିଶେ -
ତାକୁ ସେ ଆକାଶ ମିଶା ମୁଠେଇ ଧରିଛି ।
ଏବଂ -
ତା'ର ବିଜୟ ସମ୍ଭାର,
ସେ ତା'ର ପ୍ରେମିକାକୁ ଦେବ ଆଜି ରାତିରେ

ଆର ଗାଁ ସେଲନି ଡିଙ୍ଗୋରେ (ଧାଂଡ଼ୀ ବସାରେ)
ପରସ୍ତ ପରସ୍ତ ସଭ୍ୟତାକୁ ଆଖିରୁ ଆଡ଼େଇ ଦେଇ
ମୁଁ ତା'ର ହାତ ପାପୁଲିକୁ ନିରେଖିଲି
ନିରାଶ ଶୂନ୍ୟତା ଛଡ଼ା ସେଠି ଆଉ କିଛି ନଥିଲା ।
ମୁଁ, ମୋର ହାତଛଡ଼ା ସରଳ ନିଷ୍କପଟତାକୁ
ବିଳାପର ଚିଟାଉ ଦେଇ କେତେ ଖୋଜିହେଲି ।

ନିଜ ଛାଇକୁ ନିଜେ ସରମିଯାଇ
ଶିଶୁର ଚପଳ କୌତୁକରେ ଉଛନ୍ନ ହୋଇ
ସେଇ ନିଝୁମ୍ ନିଶାର୍ଦ୍ଧରେ ମୁଁ
ଗଛ ଉପରକୁ ଉଠିଗଲି ।
ଏବଂ ସୁନାରିଫୁଲ ପରି ନରମ ଆକାଶରୁ ମେଞ୍ଚାଏ ଛିଣ୍ଡାଇ ଆଣିଲି,
ମାତ୍ର
ବଣ୍ଡା ଇଂଗରବଏ ହାତରେ ଆକାଶ ଥିଲା ବନ୍ଦୀ
ମୋ ହାତରେ ଚେନାଏ ଆଞ୍ଚୁଡ଼ା ଦାଗ ଆଉ ପରାଶ,
ମୁଁ କିନ୍ତୁ ଅପଦସ୍ତ ହେଲିନି

ବରଂ ନାଚିଲି, କୁଦିଲି, ଡେଇଁଲି,
ବଣ୍ଡା ପାହାଡ଼ର ଜଙ୍ଗଲେ ଜଙ୍ଗଲେ...
ବଣ୍ଡା ଇଂଗବଏ –
ମୋ ଖୁସି ଦେଖି ମୋ ପାଖକୁ ଆସିଲା
ମୋ ହାତପାପୁଲିକୁ ସଲପ ନିଶାର ପ୍ରଚକ୍ଷୁରେ ଯାଞ୍ଚକଲା
ସେ ହସିଲାନି –
ବରଂ ମୋର ସରଳ ନିର୍ବୋଧତାରେ କାବ୍‌ବା କାଠ ହେଲା ।
ମତେ ବୁଝାଇଲା ଯେ –
ଗଛ ଉପରେ ଆଉ ଆକାଶ ଆସିବ କାହୁଁ ?
ତା' ହାତମୁଠାରେ ତ ବନ୍ଦୀ ଆକାଶ, ସୂର୍ଯ୍ୟ ଆଉ ଜହ୍ନ
ମୋ ହାତମୁଠାରେ ଜାବୁଡ଼ି ଧରିଛି ମୁଁ –
ମୁଠାଏ ଖାଲି ସ୍ୱପ୍ନ ।
ତା'ର ଶେଷକଥା ପଦିକରୁ –
ମୁଁ ବୁଝିଗଲି
କିଏ ମାଟିରେ ଥାଇ ବି ଭଗବାନର
ହାତ ପାହାନ୍ତାରେ
ସେ ନା ମୁଁ ?
ଶେଷକଥା ପଦକ ତା'ର ଏଇମିତି ଥିଲା –
"ମତେ ତୋର ସ୍ୱପ୍ନ ଦେ
ବଦଳରେ ମୁଁ ତତେ ଦେଇଦେବି ଗୋଟାକ ଆକାଶ ।"

ତମେ ଅଛ

ବହୁଆଗରୁ ତମେ ଚାଲିଗଲ - ମୁଁ ଚିହ୍ନିବା ଆଗରୁ ମତେ ଏବଂ ତୁମକୁ।
ସେମାନେ ବିଦୀର୍ଣ୍ଣ ହୋଇ କାନ୍ଦିଲେ
ମୁଁ କାନ୍ଦିଲି ନାହିଁ,
କାରଣ ତମ ଚାଲିଯିବାର ଅଭାବ ବୁଝିବା ପାଇଁ ମୁଁ ଥିଲି କେତେ ସାନ !

ସେମାନେ କହିଲେ, ତମେ ମଣିଷର ସେବା କରି କରି,
କ୍ଳାନ୍ତ ହୋଇ ଚାଲିଗଲ ତାରାର ରାଜ୍ୟକୁ;
ଆଉ କା'ର ସେବା କରିବାକୁ,
ଯେଉଁଥିରେ ନଥାଏ କ୍ଳାନ୍ତି - ଥାଏ ପ୍ରଶାନ୍ତି।

ମୁଁ ଏତିକି ଜାଣିଥିଲି - ମଣିଷ ଜନ୍ମେ ଆଉ ମରେ
ତେଣୁ କାହିଁକି, କିପରି, କେଉଁ କାରଣରୁ ତମେ ଚାଲିଗଲ ପଚାରି ପଚାରି
ସେମାନଙ୍କୁ ବିବ୍ରତ କଲି ନାହିଁ।

ଏବଂ ସହସା ସେଦିନ
ଖଣ୍ଡେ କାଗଜର ଦର୍ପଣରେ ତମେ ବିମ୍ବିତ ହୋଇଗଲ ମୋ ଆଖିରେ ।
ଗତକାଲିର ଧୂସର ହାତ ବାଜି ହଳଦିଆ ପଡ଼ିଥିବା ସେଇ କାଗଜଖଣ୍ଡକ
ମୋ ମାଆଙ୍କ ହାତବାକ୍ସରେ ମୁଁ ଦେଖିଲି, ମତେ ଚିହ୍ନାଆଖିରେ ଚାହିଁଛି,
ମତେ ଡାକୁଛି – ଆଦରରେ – ଗେହ୍ଲାରେ – ଅଛିଣ୍ଡା ସ୍ୱରରେ... ।

ବାପାଙ୍କ ସ୍ମୃତିକୁ ସଯତ୍ନରେ ସାଇତିଥିବା ମୋ ମାଆଙ୍କ ନିର୍ଭୟ ହାତବାକ୍ସରୁ–
ମୋ ମାଆଙ୍କ ଅଶ୍ରୁଳ ହୃଦୟରୁ –
ସ୍ମୃତିର ସେଇ ଟୁକୁରାକୁ ଚୋରିକରି ମୁଁ ପଳାଇଲି ବାରଣ୍ଡାର ଗୋଟାଏ କୋଣକୁ,
କୈଶୋର–କୁତୂହଳରେ ତନ୍ନତନ୍ନ କରି ଛୁଇଁଗଲି ତା'ର ପ୍ରତିଟି ଅକ୍ଷରକୁ,
ଏବଂ ବୁଝିପାରିଲି –
ସେ ହେଉଛି ଗତକାଲିର ଲେଖା ତୁମ ହୃଦୟର ଛୋଟ କବିତାଟିଏ
ଉତ୍କଣ୍ଠାରେ ତରତର ହୋଇ ମୁଁ ତାକୁ ପଢ଼ିଗଲି,
ପୁଣି ପଢ଼ିଲି ଧୀରେ – ଅତି ଧୀରେ – ନିଠେଇ ନିଠେଇ,
ନିଜକୁ ବଡ଼ ମନେକରୁଥିବା ମୋର ସାନ ଧୈର୍ଯ୍ୟର ବନ୍ଧକୁ
ଖିନ୍‌ଭିନ୍ କରି ଭାଙ୍ଗିରୁଜି ଟୁକୁରା ଟୁକୁରା କରିଦେବା ଯାଏ –
ସେ କବିତାକୁ ମୁଁ ପଢ଼ିଲି ଏବଂ ପଢୁଥିଲି ।

ଏବଂ ଠିକ୍ ସେହି ମୁହୂର୍ତ୍ତରେ ମୁଁ ବୁଝିପାରିଲି,
ଜୀବନର ଶେଷକଥା କ'ଣ, ମୃତ୍ୟୁ କ'ଣ, ତମେ ନଥିବାର ଶୂନ୍ୟସ୍ଥାନ କ'ଣ-
ସହଜ ଅଶ୍ରୁଧାରରେ ତମକୁ ନବୁଝିବାର ଅଳନ୍ଧୁ ଧୋଇଗଲା ।
ଏବଂ ମୁଁ ବୁଝିପାରିଲି ତମେ ନଥିବାର ଅଭାବରେ
କେତେ ଦୁଃଖ କେତେ ବିଷାଦ ମୋ ମାଆର !

ଅକସ୍ମାତ୍ ଅଦୃଶ୍ୟ ପବନର କୋମଳ ଛୁଆଁ ମୋର ଲୁହଧାର ପୋଛିନେଲା
ଏବଂ ମୁଁ ଅନୁଭବ କଲି
ସେ ସ୍ପର୍ଶ ପବନର ନୁହେଁ - ସେ ହେଉଛି,
ତମରି ଯତ୍ନଶୀଳ- ନିପୁଣ - କଲ୍ୟାଣମୟ ମଣିଷ ଗଢୁଥିବା ହାତର ସ୍ପର୍ଶ
ମୁଁ ବୁଝିପାରିଲି -
ତମେ ଅଛ ମୋ ଭିତରେ - ମୋ କବିତାରେ -
ମୋ ଗୀତରେ, ଆମରି ଭିତରେ ।

ଉନ୍ମୋଚନ

ଜହ୍ନକୁ ଯେତେ ମୁଁ ଦେଖେ
ସେତେ ତାରିଫ କରେ – ତା'ର ମୌନତାକୁ,
 ତା'ର ରାଜକୀୟ ନିଃସଙ୍ଗତାକୁ,
 ତା'ର ତିକ୍ତ ମଧୁର ହସକୁ।
ସେ ମତେ ଡାକେ ଏବଂ ଦିନେ ତା'ର ଇଲାକାକୁ ଡାକିନେଲା,
ମୁଁ ଗଲି – ଲୋଟିଗଲି, ହଜିଗଲି ତା'ର ମେଘୁଆ ଗଦିରେ,
ମୋ ସାମ୍ନାରେ ସେ – କିନ୍ତୁ ମୋ ସ୍ୱପ୍ନର ଜହ୍ନ ପରି ନୁହେଁ।
 ତା'ର ଚିକ୍କଣ ମୁହଁରେ ବସନ୍ତର ଦାଗ,
 ଓଠରେ ଉପହାସ
 ଏବଂ ନିଷ୍ଠୁର ତା'ର ସତ୍ୟପାଠ!

ମୋର ଆକାଶୀ କଳ୍ପନାକୁ ଧୂଳିସାତ୍ କରି
ରୁକ୍ଷ ନିଷ୍ଠୁର ବାସ୍ତବତାକୁ ସାମ୍ନା କରିବା ପାଇଁ ମତେ ସେ ବାଧ୍ୟ କଲା।
ଏବଂ ଯେତେବେଳେ ବୁଝିଗଲା, ମୁଁ ବଦଳି ନାହିଁ,
ସେ କୋହରେ, ଲୁହରେ, ଝୁରଝୁର ଭାଙ୍ଗିପଡ଼ିଲା
ଆଉ ସମୁଦ୍ରେ ଲୁହ କାନ୍ଦିଗଲା।

ତା' ପରଦିନ ସକାଳେ ଦେଖିଲି
ଜହ୍ନର ଅସରା ଲୁହ ମୋ ବଗିଚାରେ
ଟୋପା ଟୋପା କାକର ପାଲଟିଛି,
ସୂର୍ଯ୍ୟସ୍ନାନ କରି ଚିକ୍‌ଚିକ୍ ହସୁଛି।

■

ରୁକୁଣା ରଥ

ମୋ ଗଭୀରତାରେ ସ୍ମୃତି ଭୋର୍ ହୁଏ
ଅଫେରା ସମୟର ଟୁକୁରା ଟୁକୁରା ସ୍ମୃତି
ଖେଳେଇ ହୋଇଯାଏ
ସ୍ମୃତିରୁ ସ୍ମୃତିର ଫାଙ୍କରେ ଦିଶିଯାଏ -
ଆମ ବାରଣ୍ଡାରେ ସରମରେ ତେର୍ଛା ହୋଇ
ଲୋଟୁଥିବା ସକାଳର ନାରଙ୍ଗୀ ଖରା,
ମୋ ଝର୍କା ରେଲିଂରେ କାଟିହୋଇ
ସଙ୍କୋଚରେ ପଶିଆସୁଥିବା ଆକାଶର ମୁହଁ,
ତର୍କ ବିତର୍କରେ ଭାରୀ ଭାରୀ ମୁହଁ ଆଉ ମନ,
ପ୍ରତ୍ୟେକଟି ଜନ୍ମଦିନର ପ୍ରତିକ୍ଷିତ ରୋମାଞ୍ଚ,
ଆଦରର ଥୋପା ଥୋପା ଶିଶିର, ସୋହାଗର ବର୍ଷାଧାର,

ଯେତେ ବେଶୀ ବେଶୀ ଖୋଜେ -
ମୋ ଅନ୍ତରଙ୍ଗ ଅତୀତର 'ଆଜି' ସବୁ 'କାଲି' ହୋଇଯାଏ
'କାଲି' ସବୁ ଆଜି ହେଉଥାଏ ।
ହେ ମୋର ଅତୀତ, ଗୁଳୁଣା ରଥ !
ବାରମ୍ବାର ଫେରି ଚାହୁଁଥାଅ ।
ମୋର କେତେ ବା ଶକ୍ତି ଯେ - ମୁଁ କହିବି
ମୋ ପାଖେ ଅଟକିଯାଅ ।

■

ପ୍ରାପ୍ତି

ସେମାନେ କହନ୍ତି ହଜାଇବା ତ ଭୁଲ
ତା'ଠୁ ବଡ଼ ଭୁଲ୍ ବୃଥା ଖୋଜି ହେବା;
ଯେଉଁମାନେ ସର୍ବସ୍ୱ ହଜାଉଥାନ୍ତି ଦିନ ପ୍ରତିଦିନ
ଏବଂ ଚିରନ୍ତନତାକୁ ଗତକାଲିର ମହଙ୍ଗା ବଜାରରେ
ଉଡ଼ାଇଦିଅନ୍ତି, ବାଜେ ଖର୍ଚ୍ଚରେ।

ଯଦି କିଛି ଅକସ୍ମାତ୍ ହଜିଯାଏ,
ସେ ତା'ର ଆପେ ଆପେ ହଜିଯାଉ;
କିଛି ଯାଏ ଆସେ ନାହିଁ -
କାରଣ, ନିଉଟନ୍ ନିୟମାନୁସାରେ କିଛି ତ ପାଇବ ପ୍ରତିଦାନରେ !

ବଣ ବାଟରେ ଗୋଟାଏ ଗୋଲାପ,
ଝର୍କାରେଲିଂରେ ଚୁମା ଦେଉଥିବା ଟୋପାଏ ବର୍ଷାଜଳ,
କିମ୍ବା ଅଜଣା ତଲାବାଟରେ ଅଚିହ୍ନା ମୁର୍କିହସ ଟିକେ !!
ହଜିଲା 'କିଛି'କୁ କାହିଁକି ବା ଖୋଜି ହେଉଥିବ
ଦିନ ମାସ ଯୁଗଯୁଗାନ୍ତର ?

ଯଦି କେବେ ହଜାଇଦିଏ 'ମୁଁ'କୁ
ଏବଂ ପାଲଟିଯାଏ ଗୋଟାଏ ଅସାର 'ଶୂନ୍ୟତା'
ମୋର କିଛି ଦକ ନାହିଁ,
କାରଣ, ଗୋଟାଏ ସୀମିତ ଶୂନ୍ୟତା ଭିତରେ ବି
ଥାଏ ଗୋଟାଏ ଅନନ୍ତ ବିଶ୍ୱ ବ୍ରହ୍ମାଣ୍ଡ
ଏବଂ ଜୀବନର ମହମହ ବାସ୍ନା ବାରିବାକୁ
ଥାଏ ଅନନ୍ତକାଳର ଆଜି-କାଲି-ପଅରଦିନ...

■

'କମା'

ତରଳ ପାରଦ ପରି ତମ ଭିତରେ କ'ଣ କେଜାଣି ଅଛି !

ଅଛି, କେଉଁଠି କେମିତି, ପୁଣି ନାହିଁ !

ତମର ମଗ୍ନ ମୌନତା,

ଏବଂ -

ସ୍ନିଗ୍ଧ ନିରବତାର ତନ୍ମୟ ମୁହୂର୍ତ୍ତକୁ

ଜୀବାତ୍ମର 'ମୋ' ଭଳି ମୁଁ କାମନା କରେ ।

ମତେ ଡାକ ନାହିଁ,

ଆଲୋକକୁ,

ଉନ୍ମୁକ୍ତତାକୁ,

କାରଣ -

ମୁଁ କେମିତି କହିବି ଯେ,

ମୋ ପାଇଁ ସମର୍ପିତ ତମର ସମଗ୍ର କାବ୍ୟରୁ,

ଏକାକୀ 'କମା'ଟିଏ ମାତ୍ର ମୁଁ ବାଛି ନେଇଛି !

■

ମୋକ୍ଷ ଦିଅ

ମୁଁ ଅପେକ୍ଷା କରିଛି
ସାହାରାର ଉତ୍ତପ୍ତ ବାଲୁକାରେ
ତୁମେ ତ ପାଲଟିଛ ପିରାମିଡ଼୍‌ର ପଥର
ତୁମ ଚାରିକଡ଼େ ଜଗାଇଛ ସଜାଗ ପ୍ରହରୀ
ସ୍ଫିଙ୍କସ୍ ଧାଡ଼ି
କେମିତି ଛୁଇଁବି ତୁମକୁ
ମୁଁ ଲେଖିଦେଇଛି ଭଗ୍ନ କାନ୍ଥରେ
ଅଙ୍କାବଙ୍କା ହାଇରୋଗ୍ଲିଫରେ ମୋ ମନକଥା
ସେଇ ଖୋଲା ଛାତର ତାରାଙ୍କ ଗହଣରେ
ଟୁଟାନ୍‌ଖେମନ୍
ତୁମେ ଖୁବ୍ ମନେପଡ଼ ।

ହେ ସୂର୍ଯ୍ୟ ଦେବତାଙ୍କ ପରମ ଉପାସକ
ମରଣର ଆରାଧନା ଥିଲା ତୁମ ଜୀବନର ଲକ୍ଷ୍ୟ
ଫାରୋମାନଙ୍କ ପରି ରାଜକର୍ମ ଥିଲା ସମାଧି ନିର୍ମାଣ
କିନ୍ତୁ ତୁମେ ତ ଜୀବନକୁ ଚିହ୍ନିବା ଆଗରୁ ମରଣ ଲଭିଲ
ତୁମ ଅନିଚ୍ଛା ମୃତ୍ୟୁର ନିର୍ଲିପ୍ତତାରେ ଧୋଇ ହୋଇ
କେତେ ସ୍ନିଗ୍ଧ ମନୋରମ ତୁମର ଏ ଆଲାବାଷ୍ଟର ପ୍ରତିମୂର୍ତ୍ତି
ଯୌବନର ଅସରନ୍ତି ସ୍ୱପ୍ନ, ପାପିରସ୍ ବଗିଚାରେ ଭଲପାଇବାର ଗୋଧୂଳି
ନୀଳନଦୀର ବନ୍ୟାଠାରୁ ଉତ୍ତାଳ ତୁମ ପ୍ରେମ
ମିଶରର ସାହାରାରେ କେମିତି ହଜାଇଦେଲ ସବୁକଥା
ଟୁଟାନଖେମନ୍ ।

ହାଏ ଅଭାବିତ ମରୁଝଡ଼
ଧ୍ୱସ୍ତ କରିଦେଲା ପାପିରସ୍‌ର ମଧୁବନ
ଖସିପଡ଼ିଲା ମସ୍ତକରୁ
ଅପୂରା ସ୍ୱପ୍ନରେ ଅଭିଷିକ୍ତ ରାଜମୁକୁଟ
ନିଜର ସମାଧି ନିର୍ମାଣ କରିବା ଆଗରୁ
ତୁମେ ଚାଲିଗଲ, ଫାରୋ ପରମ୍ପରାକୁ ଭାଙ୍ଗିରୁଜି ଦେଇ ।

ତୁମ ସମାଧିର ଅନ୍ଧଗହ୍ୱରରେ
ସୁନାରୁପା ମୋତି ମାଣିକ୍ୟର ଭଣ୍ଡାର ଭିତରେ
ଆଜି ବି ଶୋଇଛ ତୁମେ ବିନା ପ୍ରତିବାଦରେ
ଏ କୁବେର ଭଣ୍ଡାର ତୁମ ହତ୍ୟାକାରୀମାନଙ୍କର
ତୁମ ପାଖରେ କ୍ଷମାଯାଚନା
ସମାଧି କାନ୍ଥର ଫ୍ରେସ୍କୋରେ
ସେମାନଙ୍କ ଅପରାଧର ସ୍ୱୀକାରୋକ୍ତି
ତେବେ ବି ତୁମେ ନିରବ କେମିତି
ଟୁଟାନ୍‌ଖେମନ୍ !

ତୁମ ରାଜସିଂହାସନ ପରି, ତୁମ ରାଜମୁକୁଟ ପରି
ତୁମ ପ୍ରାଣପ୍ରିୟା ମଧ୍ୟ ହସ୍ତାନ୍ତରିତ
ତୁମ ମୃତ୍ୟୁର ମହୋତ୍ସବରେ
ତୁମ ଅନ୍ତେ ପାପିରସ୍ କାଗଜରେ ଲେଖିଥିବା
ପ୍ରିୟାର ଶୋକପତ୍ର
କ'ଣ ପହଞ୍ଚିନାହିଁ ତୁମ ପାଖରେ
ଏତେ ବର୍ଷ ପରେ ।

ଜହ୍ନରାତିରେ, ନୀଳନଦୀର ଶୋଇଲା ଛାତିରେ
ଢେଉଟିଏ ଥରିଉଠେ
କର୍ଣ୍ଣକ ମନ୍ଦିରରେ ପଥର ପାଲଟିଥିବା
ତମର ଓଠ ବି ଥରିଉଠେ
କ'ଣ କହିବ କହିବ ହୁଏ,
ତମେ କ'ଣ ହଜିଯାଇଥିବା ଇତିହାସ ପୃଷ୍ଠା
ଓଲଟାଇ କହୁଛ ସେ ରାତିର କଥା
ଯେଉଁ ରାତିରେ ମୃତ୍ୟୁ ଆସିଥିଲା ଛଦ୍ମବେଶରେ
ତୁମେ ଚିହ୍ନିଲା ବେଳକୁ ତୁମ ଆଖିର ଆଲୁଅ ଲିଭାଇ
ରାତି ପାହିଯାଇଥିଲା ।

ଟୁଟାନ୍‌ଖେମନ୍ !
ମୃତ୍ୟୁ ହିଁ ତୁମକୁ କରିଛି ଗୌରବମଣ୍ଡିତ
ଦେଇଛି ଅମରତ୍ୱ ବିନା ପ୍ରୟାସରେ
ତୁମ ଅପୂରା ସ୍ୱପ୍ନର
ଏତିକି କ୍ଷତିପୂରଣ
ଆତତାୟୀଙ୍କୁ କ୍ଷମା ଦେବାପାଇଁ
କ'ଣ ଯଥେଷ୍ଟ ?
ତୁମ ଜୀର୍ଣ୍ଣ 'ମମି' ଶୋଇଛି ଅସହାୟ ହୋଇ
କାଳେ ଉଠିଲେ ଭାଙ୍ଗିରୁଜି ଧୂଳିରେ ମିଶିଯିବ
ତୁମ ଚାରିପଟୁ ଗହଳି କମିଯିବ
କାଳେ ବଣିଜ ବେପାର ବନ୍ଦ ହୋଇଯିବ
ତେଣୁ ତୁମେ ନିରବ ।

କିନ୍ତୁ ଗହ୍ୱର ଭିତରୁ ଉଠିଆସିଥିବା
ତୁମର ରୁନ୍ଧିଲା ଦୀର୍ଘଶ୍ୱାସ ବାଜୁଛି ମୋ'ଠି
କହୁଛି
ସେମାନଙ୍କୁ କ୍ଷମା କରିଦିଅ
ମତେ ମୋକ୍ଷ ଦିଅ, ମୋକ୍ଷ ଦିଅ
ପ୍ରିୟତମା
ରାଜରାଣୀର କ୍ଷମତାରେ ତୁମ ପ୍ରେମରୁ
ପ୍ରତାରଣାରୁ,
ଜୀବନରୁ ମୃତ୍ୟୁରୁ ।

■

(ଅଠର ବର୍ଷ ବୟସରେ ଷଡ଼ଯନ୍ତ୍ରର ଶିକାର ହୋଇ ମୃତ୍ୟୁବରଣ କରିଥିବା ମିଶରର ଫାରୋ ଟୁଟାନ୍‌ଖେମନ୍‌ଙ୍କ କବର ଦେଖିବା ପରେ)

କି ବର ମାଗିବି

ରାତି, ରାତି
କୋଳରେ ପୂରେଇ ତତେ
ଛାତିରେ ଛପେଇ
ଗୋଟାପଣେ ପାଲଟିଯାଇଛି ମୁଁ ନାନାବାୟା ଗୀତ
ନିଦ ଗୁଲୁଗୁଲୁ ତୋ ମୁହଁକୁ ଚାହିଁ
ରାତି ପାହିଛି, କଷା ହୋଇନି ଆଖି
ଆଷାଢ଼ ଭୋଦୁଅ ଯାଇ ଆସିଛି ଶରତ

ଏଡ଼େ ନିର୍ଭୟ ସୋହାଗ ଭିତରେ କିଏ ଶିଖାଇଲା ଭୟ।
ଅନ୍ଧାର ଘୁଡୁଘୁଡି, ବୁଢ଼ୀ ଅସୁରୁଣୀ
ପିଲାଧରା, ଭୂତ ପ୍ରେତ ଚୋର ଡକାୟତ ! ଶାଶୂଘର ପୁଣି ସଉତୁଣୀ !
ଶୋଇପଡ଼, ଶୋଇପଡ଼ ଧନ, ଗଳାମାଳି
ମୋ ଗୁଣ୍ଡୁଣି ହାତୀ,

ମୁଁ ଥାଉଥାଉ ଡର କାହାକୁ, ଭୟ କାହାକୁ
ଆବାକାବା କରିଦେଇ ତତେ ତୋ ଛାତିରେ ପକାଇଛି ଛେପ
ମୋ ଆଖି ସାମ୍ନାଟାରେ ସେଦିନ ତୁ ଝୁଣ୍ଟିପଡ଼ିଲୁ
ଖଣ୍ଡିଆ ଖାବରା ହେଲୁ, ଲୁହ ଗଡ଼ାଇଲୁ, ଲହୁ ବୁହାଇଲୁ
ନିଜକୁ ଓ ତତେ ମିଛ ବୋଧ ଦେଲି- କିଛି ତ ହୋଇନି- ଠିକ୍ ହୋଇଯିବ
ମୁଁ ପରା ଅଛି- ରକ୍ତ ପୋଛିନେବି, ମଲମ ଲଗାଇଦେବି
ଶୋଷିନେବି ସବୁ କଷ୍ଟ
ଧନ-ମା, ଥାଉ ଥାଉ ତୋର କିଛି ହେବନି ଅନିଷ୍ଟ।
ଦମକାଏ ପବନ ପରି ତୋର କଅଁଳ କଷ୍ଟ
ଚୁଟ୍‌କି ଉଭେଇଲା ସୋହାଗ ଛୁଆଁରେ
ଛଟାଗାଳି ସହିଲି ସିନା ମୁଁ- ନିଦ ହଜିଗଲା
ତୋର ଲୁହ, ତୋର ଲହୁ କେମିତି ସହିହୁଏ କହ !
ତୋ କଷ୍ଟ ଊଣା ହେଲା ପରେ
ମୋ କଷ୍ଟ ବଢ଼ିଲା-ଛାତି ବିଦାରିଲା, ପଘରିଲା
"ସତରେ କ'ଣ ତୁ ଥିଲେ ଭୟ ନାହିଁ, କଷ୍ଟ ନାହିଁ
ଲୁହ ନାହିଁ, ଲହୁ ନାହିଁ ଏ ପୃଥିବୀରେ ଝିଅ ପାଇଁ ତୋର ?"

ସତରେ କ'ଣ ତୁ ଛୁଇଁଦେଲେ ଉଭେଇଯିବ ତା'
ସଂସାରଯାକର ବାଧା, ବନ୍ଧନ, ଯାତନା ?
ସତରେ କ'ଣ ସହିପାରିବୁନି ଜମା ତା'ର କଷ୍ଟ, ବିଫଳତା,
ଦିହ ଧରି ରହିପାରିବୁନି ?
ସତରେ କ'ଣ ତୋ ଲୁହ- ତା' ଲୁହ ଏକ
ତୁ ଚାହିଁଲେ ତା' ଲୁହ ଶୁଖିଯିବ ତା'ର ଛାତି ପୂରିଉଠିବ ?"
ଥାଉ-ଥାଉ ସୁନାଟି ପରା, ମତେ ସତ କହନାହିଁ।

।।୪।।

ତତେ ଜନ୍ମ ଦେବା ପରେ ମୋର ସବୁ ଶକ୍ତି ପାଲଟି ପାଣି
ମୋ' ଗର୍ଭଠୁ ନିରାପଦ ଥାନ ଆଉ କାହିଁ ନାହିଁ ବୋଲି ଜାଣି
ତଥାପି ମୁଁ ତୋର ଢାଲ ସାଜି ତତେ ରକ୍ଷା କରୁଥିବି
ମିଛ ହେଲେ ହେଉ ପଛକେ, ମା'ଟି ପରା ମତେ କହନି ଜମା ସତ
କାଲି ତ କୁଆଁ କୁଆଁ ରବରେ ମନ୍ତ୍ରିତ କରୁଥିଲୁ ଘର
ଓଁକାର ଉଠୁଥିଲା ମହୀରୁ ମେଘଯାଏ

କାଲି ତ ଅମୃତ କାକଳି ପରି ଶୁଭୁଥିଲା ତୋର ପ୍ରଥମ ଦରୋଟି
ଆଜି ତୁ ସ୍କୁଲ ଗଲୁଣି-ପିଠିରେ ପିଠିଏ ବୋଝ-ପାଠର-ଶାଠର
ସାହିତ୍ୟର, ଗଣିତର, ନିୟମ ଶୃଙ୍ଖଳା ପୁଣି ପରୀକ୍ଷାର !
ଦୁଇ ନାବରେ ଗୋଡ଼ ଦେଇ ମୋର ଏ କି ସ୍ୱପ୍ନ !
ତୁ ବଡ଼ ହେବୁ, ଜିତିବୁ ଜଗତ, କିନ୍ତୁ ଥିବୁ ମୋର ହାତ ପାହାନ୍ତାରେ
ଆଖିର ଡୋଳା ପରି
ମୋ ଛାତିର ଦୁକୁଦୁକୁ ପରି
ଫୁଲ ନୀଡ଼ ପରି ମୋର ହେଇ ମୋ ପାଖରେ ଥିବୁ।
କାଲି ପରା ମତେ ଜାବୁଡ଼ି ଧରି ସ୍କୁଲ ଯାଉଥିଲୁ
ସ୍କୁଲ ଗେଟ୍ ଏପଟେ ମୁଁ ସେପଟେ ତୋ ଆଖିରେ ଆଖିଏ ଲୁହ
ମୋ' ଦିହର ବାସ୍ନାକୁ ଛାତିଯାଏ ଶୋଷି ନେଇ
ଛୁଟି ହେବାଯାଏ ସମ୍ବଳ କରି ଦମ୍ଭ ଧରୁଥିଲୁ !

ତୁ ଆଉ ସ୍କୁଲ ଗଲାବେଳେ କାନ୍ଦୁ ନାହୁଁ
ମନ ଦମ୍ଭ କଲୁଣି-ନିର୍ଭୟ ହେଲୁଣି,
ହୋମ୍‌ୱାର୍କ, ଖେଳଛୁଟି, ସାଙ୍ଗସାଥୀ, ସମସ୍ତଙ୍କୁ ଆଦରି ନେଲୁଣି
ତୋର ନିର୍ଭୀକତାରେ କେଜାଣି କାହିଁକି
ମୁଁ ଶଙ୍କିଯାଉଛି ଝିଅ -
ଏମିତି ତ ଗେଟ୍ ଆରପାରେ ମତେ ଛିଡ଼ାକରି ଦେଇ ଦିନେ କାନ୍ଦି କାନ୍ଦି ଯିବୁ
ଧୀରେ ଧୀରେ କେତେ କଥା ଆଦରି ନେବୁ ତୁ ଝିଅ
ଆପେ ଆପେ ହୋମ୍‌ୱାର୍କ କରିବୁ
ଶଗଡ଼ଗୁଳାରେ ଗଡ଼ିଯିବୁ ଆଗକୁ ଆଗକୁ
ରକ୍ତ ଟୋପାଏ ଗଡ଼ିଲେ ମତେ ଆଉ ଜାବୁଡ଼ି ଧରିବୁନି
କାଲେ ମା'କୁ ଶୁଭିବ, କାଟିବ !

ଏଣିକି ତୋ ପାଇଁ ମତେ ଆଉ କିଛି କରିବାକୁ ପଡୁନି- ବର ମାଗିବା ଛଡ଼ା
ତୋ ପାଇଁ କି ବର ମାଗିବି !
ଓଃ ତୋ ପାଇଁ ବର ମାଗିବାକୁ ମୁଁ କିଏ କହତ ଝିଅ !
ତତେ ବାଦ୍ ଦେଇ ମୋ ପାଇଁ କି ବର ମାଗିବି ?
ପ୍ରଭୁ ! ମତେ ଏମିତି ବର ଦିଅ ଯେ
ମୋ ଝିଅର ଆଗତ ଭବିଷ୍ୟ ହୋଇଯିବି
ତା'ର ଆଗ ଗୋଡ଼ରେ କଣ୍ଟା ଫୁଟିବା ଆଗରୁ କାଢ଼ି ନେଉଥିବି
ନଇଲେ- ତୋ ସାଥିରେ ଚାଲିଥିବି ଚାଲିଥିବି ପବନ ଭଳି,
ଜହ୍ନ ଭଳି, ରାସ୍ତା ଭଳି,
ତୋ ପାଦରେ କଣ୍ଟା ଫୁଟିବା ଆଗରୁ ପାଦ ବଢ଼ାଇଦେବି ।

ଅନ୍ୱେଷା

ପ୍ରତିଫଳିତ ହୁଏ ଶବ୍ଦ
ନିରବତାର ତ୍ୱଚା କୋମଳ ପର୍ଦ୍ଦାରେ
ପିଚୁ କଳାରାତି, ତା'ର ଗାଢ଼ ଅନ୍ଧକାର
ହଜିଯାଏ ଉଷ୍ମ ଆଲୋକର ଜରାୟୁରେ

ଆଲୋକ ସଂପର୍କ ଯୋଡୁଥାଏ
ସଂଗୀତର ଆରୋହ ଅବରୋହରେ।
କୁଣ୍ଠିତ ଆଳାପ, ମୁକ୍ତିର ଆଶାରେ
ଶବ୍ଦ ଅନ୍ୱେଷାରେ।
ଜୀବନ,
ଏକ୍ସରେ ଛବିରେ ଅଥବା ମୁଠାଏ ଭସ୍ମରେ।
କ୍ୱଚିତ୍ ଫଳବତୀ ହୁଏ, କ୍ୱଚିତ୍ ଫୁଲ ଫୁଟେ।

■

ଆଗାମୀ ଅତୀତ

ଅତୀତ ପରିପୂର୍ଣ୍ଣ - କାରଣ ଅତୀତର ବିଶ୍ୱକର୍ମା, ମୁଁ ତମେ ଆଉ ସେମାନେ,
ମନେପଡ଼େ ରାତ୍ରିଶେଷର କ୍ଷୀଣ ମୁହୂର୍ତ୍ତରେ- ଟେଲିଫୋନରେ ଅସରା ଆଳାପ
ଯାହା ସରିନଥାଏ- କଟିଗଲା ପରେ ବି ଶବ୍ଦତରଙ୍ଗ,
ସେ ଚାହାଣିର କିୟଦଂଶରେ ସୌଖୀନ କୋମଳତା
ଶିଶିରଭିଜା ପାଖୁଡ଼ା ଉପରେ ଦୁଇଟି ଓଠର ଫେଣ୍ଟାଫେଣ୍ଟି ହସ
ନିବିଡ଼, ଅନ୍ତରଙ୍ଗ ହସ ହସି ମୁଁ ଉଦାସ ହୋଇଯାଏ
ଏବଂ ମୁଁ ଜାଣେ - ଅତୀତ ପରିପୂର୍ଣ୍ଣ, କାରଣ ଅତୀତ ଭିତରେ ଅଛି,
ଆମ ହାତଗଢ଼ା କେତେ କୃତି, ଅପକୃତି, କେତେ କୀର୍ତ୍ତି, ଅକୀର୍ତ୍ତି ।
ଅତୀତକୁ ଆମେ ଗଢୁଥାଉ-ଭାଙ୍ଗୁଥାଉ ବାରମ୍ବାର,
ଆଜି ଏବଂ ଆସନ୍ତାକାଲିରେ
ଆପଣା ଇଚ୍ଛାରେ - ଆପଣା ରୁଚିରେ, ସ୍ମୃତିର ଫସିଲ୍‌କୁ ଖ୍ରାନ୍‌ଭିନ୍ କରି
ଯାଇଛୁ । କରୁ, ତାକୁ ହିଁ ସ୍ମରୁ
ଯେଉଁ ସହଜ ସରଳ ପ୍ରଶ୍ନ, ଅନୁଚ୍ଚାରିତ ଗଲା କାଲି,
ସହସା ତା'ର ଉତ୍ତର ଆଜି ଖୋଜିପାଉ ।

ନୂଆ ସକାଳର - ଖୋଲା ଦୁଆରକୁ ପାଦ ବଢ଼ାଇଲି
ଗୋଟାଏ ଅଚିହ୍ନା ଛୁଆଁ - ସଂସ୍କରଣ - କାଲିର କମ୍ର ଆଦର
ମୋ ଆକାଶର କାଲିର ରୌଦ୍ର - ଅଳସ ଭାଙ୍ଗେ ଆଜିର ଫୁଲଶେଯରେ ।
କାଲି ଯେଉଁ ମାତାଲ କଳ୍ପନାରେ ରୁଦ୍ଧ ହୋଇଗଲା ଚେତନା ମୋର-
ଭାଷାନ୍ତରିତ ହୋଇଯାଏ କାଲି ଆଜି ଆଉ କାଲିର ଘୋଷା, ଅନ୍ତରା,
ମଧୁର ବିରାମରେ ।
ଯେଉଁ ବୁଝିନହେବା ବେଦନା ମୋର କାଲିର ଭାବପ୍ରବଣତାକୁ ଧ୍ୱସ୍ତ କରିଦେଲା-
ଆଜି ସେ ଜନ୍ମିଛି ଅବୁଝା ସୁଖ ହୋଇ ମୋ ଚେତନାର ଗ୍ରନ୍ଥିରେ ।
କାଲି ଯେଉଁ ଧୂପଟିକୁ ମୋ ଭିତରେ ତମେ ଜଳେଇଲ, ମହକାଇଦେଲ, ଆଜି
ସେ ଜଳୁଛି ସୂର୍ଯ୍ୟ ହୋଇ -
କାଲିର ସ୍ୱପ୍ନ ସବୁ ଆଜି ସତ ହୋଇ ବଉଳିଛି, ଫୁଟିଛି, ଫଳିଛି, ବିଛେଇ

ଯାଇଛି କେତେଦୂର, କାହିଁ କେତେଦୂର

ପଛକୁ ଚାହିଁଲି - ଗଡ଼ିଗଲା ସୁଅ - ଇଡ଼ିଗଲା ପାଣି ସାଉଁଟି ହୁଏତ !

ଆଗକୁ ଚାହିଁଲି - ସେଇ ଅଚିହ୍ନାଟି କ'ଣ ଭବିଷ୍ୟତ ?

ହାତମୁଠାର ମୁହୂର୍ତ୍ତ ସବୁ ଅକାରଣ ବିସ୍ଫୋରଣରେ ଟୁକୁରା ଟୁକୁରା ହୁଏ- ହୁଏ

ଧ୍ୱସ୍ତ ବିଧ୍ୱସ୍ତ ।

ପୁଣି କେଉଁଠୁ ଆସେ ଏତେ ସବୁ ଆସନ୍ତାକାଲିର ସର୍ତ୍ତ ?

ମୋର କାଲି ଆଜି କାଲି ପହରଦିନ

ଗୋଟିଏ ବିନ୍ଦୁରେ ସ୍ଥିରୀକୃତ

ସେମାନଙ୍କ ଭିତରେ ନାହିଁ ଦ୍ୱନ୍ଦ୍ୱ ଅମୀମାଂସିତ

ତେଣୁ ଗଲା କାଲି ! ତୁମେ ମୋର ଗଡ଼ିଗଲା ସୁଅ ନୁହଁ,

ତମେ ମୋର ଅନାଦି ଅନନ୍ତ, ଚିର ପ୍ରବାହିତ, ଆଗାମୀ ଅତୀତ !

■

ନୀଳ ନଦୀରେ ତୁମେ

ମୋର ସମଗ୍ରତା ହେଉଛି
ଆଞ୍ଜୁଳାଏ ପ୍ରେମ,
ତୁମ ପାଇଁ -
ଯେମିତି ମିଶରର
କାରୁକାର୍ଯ୍ୟଭରା ଓବେଲିସ୍କ
ରାଜାରାଣୀଙ୍କ ତର୍ପଣ
ଈଶ୍ୱରଙ୍କ ପାଇଁ ।
ହୃଦତନ୍ତ୍ରୀରେ ମୋର ବାଜୁଛି
ବସନ୍ତର ମୃଦୁମଳୟ ପରି ପ୍ରେମ ସଙ୍ଗୀତ
ଲକ୍ସର ଉପକଣ୍ଠରେ କର୍ଣ୍ଣକର ଶୂନ୍ୟମନ୍ଦିର
ସୂର୍ଯ୍ୟ ଅପହୃତ
ସେଠି-ଉଦୟରାଗରେ ତୁମେ, ଅସ୍ତରାଗରେ ତୁମେ -
ନୀଳନଦୀରେ ବର୍ଷା ଓ ନିଦାଘରେ ତୁମେ

ଆସ ଦେଖିଯାଅ ଥରେ

ବସନ୍ତକୁ ମୋ ଆଖିରେ ।

କେଉଁ ଏକ ଅବୁଝା ଶ୍ଳୋକରେ ମନ୍ତ୍ରିତ ମୁଁ,

ନେଫରଟିଟିଙ୍କ ମଧ୍ୟରାତ୍ରିର କବିତା ପରି

ଊର୍ଦ୍ଧ୍ୱକୁ ହାତ ଟେକି ରହିଛି ମୁଁ

କାହିଁ କେଉଁ ଯୁଗରୁ ।

ମୋ ପ୍ରେମାଞ୍ଜଳି ଛୁଇଁବା ପାଏ

ହାତ ବଢ଼ାଅ ।

ପିରାମିଡ଼ର ଗହ୍ୱର ଭଳି

ଲକ୍ସରର ଗଳିକନ୍ଦି ପରି

ମୁଁ ଏକ ପ୍ରହେଳିକା...

ତୁମ ଉପରେ ଭରସା ହରାଇବା ପୂର୍ବରୁ ଆସ...

ତୁମ ପରିପୂର୍ଣ୍ଣତାରେ ଏ ପ୍ରହେଳିକାର ଅନ୍ତ କର ।

■

(ବିଶ୍ୱବିଖ୍ୟାତ ସୁନ୍ଦରୀ ମିଶରର ରାଣୀ ନେଫରଟିଟିଙ୍କ ରାଣୀଅନ୍ତଃପୁର ଏବଂ ଲକ୍ସର ସହରର କର୍ଣ୍ଣକ ସୂର୍ଯ୍ୟମନ୍ଦିର ଦେଖିବା ପରେ)

୮୬

ଈର୍ଷା

ଦଗ୍ଧ ସଳିତା ପରି ଈର୍ଷା
ଧୂମ୍ରାଭ ତୀର ବିନ୍ଧେ ବିଜୁଳିବତିକୁ
ଯିଏ ଜଳୁଥାଏ, ଦଗ୍ଧ ହୁଏ ନାହିଁ
ହସୁଥାଏ, କ୍ଳାନ୍ତ ହୁଏ ନାହିଁ।
ଏବଂ -
ଅଲୋଡ଼ା ଶିଶିରବିନ୍ଦୁ ବ୍ୟର୍ଥତାରେ
ବର୍ଷାର ରିମ୍‌ଝିମ୍ ସୁରକୁ ନିନ୍ଦୁଥାଏ।

ଉଦାସ ନିଃସଙ୍ଗ ଶବ୍ଦଟିଏ
ଦ୍ୱନ୍ଦ୍ୱର ଟୁକୁରାକୁ ଭାଙ୍ଗିରୁଜି ଭାବୁଥାଏ
ହଜିଯିବକି ଭାବମୟ ବାକ୍ୟର ବନ୍ଧନୀରେ !
ଏବଂ -
ତୁମର ଅହଂ ଆଉ ମୋର ଚେତନା
ସାମ୍ନାସାମ୍ନି ହେଉଥାନ୍ତି ମୁହୂର୍ତ୍ତ ମୁହୂର୍ତ୍ତ ହୋଇ
ଜୀବନ ତମାମ !

■

୮୭

ଦ୍ୟୁତି

ଗଲାବର୍ଷ ମାଗିଥିଲି ସୂର୍ଯ୍ୟଟିଏ

ମୋ ହାତରେ କିଏ ଦେଲା ଗୋଧୂଳି ମୁଠାଏ

ମାଗିଥିଲି ଅନନ୍ତ କାଳ

କିଏ ଦେଲା ସମାଧିସ୍ଥ ମୁହୂର୍ତ୍ତ ଚେନାଏ

ମାଗିଥିଲି ଅନନ୍ତ କାଳ

କିଏ ଦେଲା ସମାଧିସ୍ଥ ମୁହୂର୍ତ୍ତ ଚେନାଏ

ମାଗିଥିଲି ଅବର୍ଣ୍ଣିତ ସୁଖଟିଏ

ଅଚିହ୍ନା ପୀଡ଼ାରେ ଜଳିଲି ପୋଡ଼ିଲି

ଗଲାବର୍ଷ ତୁମକୁ ଇଛିଲି

ତୁମେ ବି ଆସିଲ

କିନ୍ତୁ ଛାଇଟିଏ ହୋଇ

ଏ ବର୍ଷ ମୁଁ ହୋଇଯିବି
ସୂର୍ଯ୍ୟର ଧାରୁଆ କିରଣଟିଏ
ଚୈତ୍ରର ସୂର୍ଯ୍ୟୋଦୟ ଭେଦିଯିବି
ବାନ୍ଧିଦେବି ନିର୍ଝର ଝରକୁ
ସମୁଦ୍ରକୁ ଢାଙ୍କୁଣିରେ ମୁଦିଦେବି
ଆକାଶକୁ ଆଲୋକିତ କରିଦେବି ବତିଟିଏ ଜାଳି ।

ଏ ବର୍ଷ ମାଗିବି ତୁମକୁ ସ୍ୱଗତ ଶବ୍ଦଟିଏ
ତୁମେ ଅର୍ଘ୍ୟ ଦେବ ଉଚ୍ଚାରିତ ମହାକାବ୍ୟ
କାରଣ - ଗଲା ବର୍ଷ ମାଗିଥିଲି ଭିକ୍ଷା
ଏ ବର୍ଷ ମାଗୁଛି ସ୍ୱାଧିକାର
ଏ ବର୍ଷ ମୁଁ ବାତ୍ୟା, ପ୍ରଳୟ, ଭୂକମ୍ପ
ତମ ଅବାଞ୍ଛିତ, ଅବାଧ ଅହଂକାରର
ଏ ବର୍ଷ ମୋର ଦାବି ସୂର୍ଯ୍ୟଟିଏ ଏବଂ ମୁଁ ନିଶ୍ଚିତ ପାଇବି
ସୌରଜଗତର ସମଗ୍ର ଜ୍ୟୋତିର୍ମଣ୍ଡଳ ।

ନିର୍ବସନ୍ତ

ଡିସେମ୍ବର ସନ୍ଧ୍ୟାର ଘନ କୁହୁଡ଼ି ଭିତରେ
ଗଡ଼୍‌ୱାଲ ପର୍ବତ ଛଦ୍ମବେଶରେ ଉଭା ହୁଏ,
ପାହାଡ଼ ଫାଙ୍କରେ ଉଙ୍କିମାରେ ହିମାଳୟ,
ତା'ର ବରଫଳ ଆଙ୍ଗୁଳି ପାଇନପତ୍ରର ପର୍ଦ୍ଦା ଆଡ଼େଇ ଲମ୍ବିଆସେ
ଛୁଇଁଯିବାକୁ.... ତୁମକୁ ।
ପରଖିବାକୁ ତୁମ ମୁହଁରେ ଶୀତରାତିର ନିର୍ଜନତାକୁ
ଜନ୍ତର ମନ୍ତର ଭଳି ଆଲପାଇନ ଜଙ୍ଗଲର ଗଳିକନ୍ଦି ଦେଇ
ତୁମ ପାଦ ଚିହ୍ନକୁ ପାହାଡ଼ ଛାତିରେ ଲେଖି ଦେବାପାଇଁ
ଲମ୍ବିଆସେ ହିମାଳୟର ବରଫ ହାତ –

କୁହୁଡ଼ିର ଚାଦର ଢାଙ୍କିଦେଇଛି ତୁମକୁ
ଯେମିତି ଢାଙ୍କିଛି ଆକାଶ, ସହର, ଜହ୍ନ ଏବଂ
ଆମ ସଂପର୍କକୁ।
ମୁଁ ଜାଣେ ତୁମେ କିନ୍ତୁ ଅପେକ୍ଷାରେ ଥିବ
ପାହାଡ଼ ଭଳି ଅବିଚଳ ହୋଇ ବାଟ ଚାହିଁଥିବ
ହୃଦୟରେ ଜମାଟ ବାନ୍ଧିଯାଇଥିବ ପଛକଥା
ଆବେଗ ସବୁ ପାଲଟିଥିବ ବରଫ
ତଥାପି ହିମପ୍ରବାହରେ ତୁମ ଦୀର୍ଘଶ୍ୱାସ ମୁକୁଳିଆସେ
ଉଷ୍ମ କରିଦିଏ ବିସ୍ମୃତିକୁ,
ତରଳାଇ ଦିଏ ମୋ ଚଲାପଥକୁ ବରଫଖଣ୍ଡ

କାହିଁକି ଆସ ତୁମେ ?
ନିର୍ଦ୍ଧାରିତ ସମୟର ଅନେକ ଆଗରୁ....
ପାହାଡ଼ରେ ଗ୍ରୀଷ୍ମ ଓହ୍ଲାଇବା ପରଠାରୁ ।
ତମେ ତ ଜାଣ ମୋର ଭିତର, ବାହାର,
ମୋର ଜୟ ଏବଂ ମୋର ନିଷ୍ପତ୍ତିକୁ,
କାହିଁକି ବା ଆସ ତୁମେ ?
ଯଦିଓ ତୁମେ ଜାଣ ଏଣିକି ଶୀତ ପରେ ଆଉ ଆସିବନି ବସନ୍ତ ?

■

ନିୟତି

କପ୍ ଦାଢ଼ର ଲିପ୍‌ଷ୍ଟିକ୍ ଦାଗ ଭଳି
ବର୍ଷାର ଘନଘୋର କାଳିମା ଭିତରେ କଳା ଚିବୁକ ଭଳି
ସୁରଭିତ ପ୍ରସାଧନ ଭଳି ଆମେ କ'ଣ ଗ୍ରହଣୀୟ,
ଏବଂ ଧୂଳିମଳି ଜମିଗଲେ ବର୍ଜନୀୟ !
ହାଇହିଲ୍‌ର ଉଚ୍ଚତାରେ ଆମକୁ ମପାଯାଏ -
କଷିଲା ପୋଷାକରେ ଆମେ ଆମର ଦର କଷିବାକୁ ଛାଡ଼ିଦେଉ -
ତ୍ୟାଗରେ, ସେବାରେ, ଉତ୍ସର୍ଗରେ, ବଳିଦାନରେ,
ଅଶ୍ରୁରେ ଏବଂ ଯନ୍ତ୍ରଣାରେ

ନିଜେ ନିଜର ମୂଲ୍ୟାୟନ କରୁ,
ପୁଣି ପ୍ରଶ୍ନ କରୁ - କାହିଁକି ଏପରି କରାଯାଏ ?
ଆମେ ଗ୍ରହଣୀୟ ପର୍ଦା ସେପାଖରେ
ଅଲିଖିତ, ଅଶ୍ରୁତ, ଅଦୃଶ୍ୟ ସ୍ୱର ଓ ଲିପିରେ
ଅନାମିକା ରହିଯିବା ନିୟତିକୁ ମାନି ନେବାରେ,
କଳାରେ, ସଙ୍ଗୀତରେ, କାବ୍ୟରେ, କାହାଣୀରେ
ବେଦଗର୍ଭ ମନ୍ତ୍ରଦ୍ରଷ୍ଟାଙ୍କ ଆମେ ଛାୟାପଥ ମନଶ୍ଚକ୍ଷୁରେ
ଆମେ ମନ୍ତ୍ର ନୋହୁଁ, ମନ୍ତ୍ରିତ ନୋହୁଁ - ଖାଲି ନିଃଶବ୍ଦ ଓଁକାର ।

ଆମର ମନ ମସ୍ତିଷ୍କ, ଜ୍ଞାନକୋଷ ଉପରେ
ପ୍ରସାଧନର ବହଳ ପ୍ରଲେପ ଦେଖିଲେ
ସେମାନେ ମନ୍ତ୍ରମୁଗ୍ଧ ହୁଅନ୍ତି,

ତସ୍କର ଭଳି ପାଦ ଚିପିଚିପି ଏରୁଣ୍ଡି ଡିଅଁନ୍ତି ।
ଏବଂ -
ପ୍ରସାଧନର ଲିଭିଲା ପରସ୍ତ ତଳୁ
ବ୍ରହ୍ମ ପ୍ରକଟ ହେଲେ ମାର୍ଜାର ପରି ପଳାୟନ କରନ୍ତି
ଏ ଆମର ନା ତାଙ୍କର -
କାହାର ନିୟତି ?

■

ମହାକାଳୀ

ଶକ୍ତିଠୁ ବଳ ନେଇ ଯେଉଁମାନେ ବଳୀୟାନ
ସେଇମାନେ ହିଁ ଶକ୍ତିମୟୀର ନାମ ଦେଇଛନ୍ତି ଅବଳା
ହେ ମହାକାଳି ! ତୋର ଦର୍ଶିତ ମୂର୍ତ୍ତିକୁ ଚାହିଁ
କହିପାରିବେ କି ସେମାନେ, ତୁ ଅବଳା, ଦୁର୍ବଳା !
ନାରୀରସ ଶୋଷଣ କରି ସେମାନେ ରସିକ
ମାତ୍ର ସେମାନେ କ'ଣ ଜାଣନ୍ତିନି,
ତୁ ଯଦି ନରରସ ଶୋଷି ନେଉ
ତେବେ, ବାକି ରହିଯାଏ ହାଡ଼, କଙ୍କାଳ, ନରମୁଣ୍ଡମାଳ !

ମହାକାଳୀ, ଆଜି ବି ଶକ୍ତିମାନ ରସିକମାନେ କ'ଣ
ତୋର ନାମ ଦେବେ ଅବଳା, ଦୁର୍ବଳା ?
ନଭରେ, ନକ୍ଷତ୍ରରେ ତୁ ତ୍ରିପୁରସୁନ୍ଦରୀ
ଜୁଇରେ, ଚିତାନିଆଁରେ, ଲହଲହ ବିସ୍ତାରରେ
ତୁ ଶ୍ମଶାନକାଳୀ !

ଶିବଙ୍କ ଛାତିରେ ତୋର ପାଦ -
ଡିବିଡିବି ଡମ୍ବରୁରେ ତୋର ଜୟନାଦ
ତୋଠୁ ସବୁ ଶକ୍ତି କାଢ଼ିନେଲେ ବି ତୁ ନା ଦୁର୍ବଳା
ନା ସେମାନେ- ତୋ ବିନା ଶକ୍ତିମାନ !

ମହାକାଳି ! କିଏ ଅଛି ଏପରି ଶକ୍ତିମାନ
କରିବ ତୋଠି ଶକ୍ତି ମଣ୍ଡନ !
ଅଖଣ୍ଡ ଶକ୍ତି ହିଁ ତୋର ସୌନ୍ଦର୍ଯ୍ୟ
କରାଳ କାଳିମା ତୋର ଶୋଭା
ସ୍ଥିତି ଓ ପ୍ରଳୟରେ, ସୃଷ୍ଟି ଆଉ ସଂହାରରେ
ପ୍ରେମରେ ଓ ପ୍ରତିହିଂସାରେ, ଧ୍ୱଂସ ଆଉ ରକ୍ଷାର କବଚରେ
ତୁ କଳାଶକ୍ତି କରୁଣାମୟୀ ମାତୃମୂର୍ତ୍ତି – ଜଗଦମ୍ବା ।

ଭବିତବ୍ୟ

ଆସନ୍ତାକାଲି, ସବୁ ବଦଳିଯିବ
ତା' ପରଦିନ ତୁମେ ତୁମ ନୂଆ ରୂପରେ ଦୋ ଦୋ ଚିହ୍ନା ପାଲଟିବ
ଦିନେ ସମୟ ସମୁଦ୍ରରେ କିଏ ଜାଣେ କୁଆଡ଼େ ଭାସିଯିବ।

ଗତକାଲିର ବ୍ୟଥା ଓ ଗ୍ଲାନି
ନୂଆ ଋତୁରେ, ନୂଆ ପତ୍ରରେ ମଣ୍ଡି ହୋଇଯିବ
ପତ୍ରେ ପତ୍ରେ ମଳୟର ରୋମାଞ୍ଚ ବି ଲାଗିବ
କିନ୍ତୁ ସେ ରୋମାଞ୍ଚ ଲାଗୁଥିବ ଅଜଣା ପଥଚାରୀର ସ୍ମିତହାସ୍ୟ ପରି
ନିର୍ଲିପ୍ତ, ଶୀତଳ, ଲକ୍ଷ୍ୟହୀନ,
କି ଲାଭ ସେ ରୋମାଞ୍ଚରେ ?

ଶ୍ଳଥ ଚର୍ମର ଭାଙ୍ଗ ରେଖାରେ ପଢ଼ିହୋଇଯାଏ
ଗୋଟାଗୋଟା ବ୍ୟର୍ଥ ଜୀବନ
ତଥାପି ବି ତାକୁ ଆପଣାର କରିବାକୁ ହୁଏ
କାରଣ – ତାହାହିଁ ତମର, ମୋର, ମଣିଷର ଭବିତବ୍ୟ।

■

ଜନ୍ମ ଜନ୍ମାନ୍ତର

ଯେତେସବୁ ବର୍ତ୍ତମାନ ଜନ୍ମନିଏ,
ଅତୀତର ସମୁଦ୍ରରେ ଲୀନ ହେବା ତା'ର ଭାଗ୍ୟ
ଯେତେସବୁ ଆବେଗମଞ୍ଜୁଳ ଭାବ
ସମୟର ସ୍ରୋତରେ ଜୁଆର ଭଟ୍ଟାର ଗାର ଟାଣେ,
ଶ୍ଳଥ ଚର୍ମର କୁଞ୍ଚନ ପରି
ସ୍ମୃତିର ଭାଙ୍ଗରେଖା ହୋଇ ରହିବା ହିଁ ତା'ର ନିୟତି ।

କିଏ କହେ ସମୟ ବହିଯାଏ –
ଅତୀତ ହୋଇଯାଏ ସବୁକଥା !
ଅତୀତ, ବର୍ତ୍ତମାନ, ଭବିଷ୍ୟତ ଏବଂ ଅନନ୍ତ ମହାକାଳ –
ସବୁ ତ ମୋ ଭିତରେ ବନ୍ଦୀ !
ତୁମର ତେଣୁ ମୁକ୍ତି କାହିଁ ?
ତୁମେ ତ ସମୟର କାରାଗାରରେ ଆଜୀବନ ବନ୍ଦୀ
ତଥାପି ସତ୍ୟର ଶକ୍ତ ଚାବିକାଠି ବେଳେବେଳେ ଖୋଲିଦିଏ ରୁଦ୍ଧଦ୍ୱାର
ତୁମକୁ ମୁକ୍ତି ଦେବାକୁ ତୁମ ଆକାଶରେ
କାରଣ ସବୁ ବାକ୍ୟର ଲୋଡ଼ା ହୁଏ ପୂର୍ଣ୍ଣଚ୍ଛେଦ,
ତା'ପରଠୁ ଆରମ୍ଭ ହୁଏ କାବ୍ୟ – ମହାକାବ୍ୟ, ଜନ୍ମ ଜନ୍ମାନ୍ତର ।

ଗାଁ ଗାଁରେ ଗାନ୍ଧି

ତୁମେ ଗଢ଼ିଥିଲ
ଗାଁ ଗାଁରେ ଗାନ୍ଧି
ଦୁଇଶହ ବର୍ଷର ଅନ୍ଧାର ରାତିରେ
ଘରେ ଘରେ ଜଳିଉଠିଥିଲା ଦୀପ
ଏକ ନୂଆ ସକାଳର ସୂର୍ଯ୍ୟ ପ୍ରଣାମରେ

ହାତରେ ଥିଲା ଗୋଟାଏ ଲାଠି
ହିଂସାର ନୁହେଁ, ଆତ୍ମପ୍ରତ୍ୟୟର
ମାରିବୁ ନାହିଁ ମରିବୁ ପଛକେ
ଛଡ଼ାଇ ଆଣିବୁ ନିଜ ଅଧିକାର
ସ୍ୱାଧୀନତା ଦେଶମାତୃକାର

୧୧୦ | ଆଦ୍ୟାଶା ଦାସ

ଏକବିଂଶ ଶତାବ୍ଦୀରେ ପରତେ ଯାଏନି
ଯାହା ସମ୍ଭବିଲା, ସତ୍ୟ ନା ଚମତ୍କାରିତା
ମୁଠାଏ ଲୁଣ ଆଉ ଖଦି
ସେତିକି ଥିଲା ତ ଅସ୍ତ୍ର
ଅପରପକ୍ଷରେ ବନ୍ଧୁକ ଓ ଫାଶୀଖୁଣ୍ଟ ।

ଦୁଃଖ ଅପ୍ରମିତ– ତୁମେ ଚାଲିଗଲ ଉଦୟ ବେଳାରେ
ତିନିଟି ଗୁଳିରେ ଛାତିରୁ ଝରାଇ ରକ୍ତ ତିନିଧାର
ଶାନ୍ତି, ଅହିଂସା ଓ ଅଭାବିତ କ୍ଷମାର ।

ବାପୁ ! ତୁମେ ତ ଅଲୌକିକ
ବଞ୍ଚି ତ ପାରିଥାନ୍ତ ମାତ୍ର ଶହେ ପଚିଶ ବର୍ଷ,
ଦେଖିବା ପାଇଁ ତୁମ ରକ୍ତଭିଜା ମାଟିରେ
ଫୁଟିଛି ଶ୍ରଦ୍ଧାର ଫୁଲ,
ମାତ୍ର ପବନରେ ରକ୍ତର ଗନ୍ଧ
ଅଗ୍ନି ବର୍ଷୁଛି ତାପିତ ସୂର୍ଯ୍ୟର
ପଦେ ପଦେ ହାତରୁ ଖସିପଡୁଛି
ତୁମେ ଧରାଇଥିବା ଅସ୍ତ୍ର
ଶାନ୍ତି ମୈତ୍ରୀ ଅହିଂସାର

ଆମେ ଏବେ ଖୋଜୁଛୁ ଗାଁ ଗାଁରେ
ତୁମେ ପିଠି କରି ଠିଆହୋଇଛ ସବୁଠି
ଗୋଲ ମୁହଁ, ବଡ଼ କାନ, ଚଉଠେ ଚଷମା ଓ ତୁମ ହାତରେ ଲାଠି
ଆମେ ଚିହ୍ନିପାରୁଛୁ ତୁମକୁ
ପୃଥିବୀରେ ଜଣେ ତ ବାପୁ !

ଥରେ ସାମ୍ନାକର ବାପୁ
ପରଖିନିଅ – ଆମେ ସବୁ ତୁମ ସ୍ୱପ୍ନର ମଣିଷ ତ ?

କାଳେ ସେ ଆସିବ

ପାହାଡ଼ ଭିତରେ ମୁଁ
ପାଦଚଲା ରାସ୍ତାଟିଏ ହେବି
କାଳେ ସେ ଆସିବ !

ସେ ରାସ୍ତାର ଦୁଇକଡ଼େ
ଚା' ବଗିଚା ହୋଇ ଭେଲଭେଟ୍ କାର୍ପେଟ ବିଛେଇ ଦେବି
କାଳେ ସେ ଘଡ଼ିଏ ବସିବ !
ଚା' ବଗିଚାରେ ମୁଁ ବର୍ଚ୍ଛଗଛ ହେବି
କାଳେ ସେ ଆସିବ ଆଉ ଛାଇ ଟିକେ ଖୋଜିବ !
ପାଇନ ପତ୍ରର ସ୍ନାୟୁରେ ସ୍ନାୟୁରେ ମୁଁ ପବନ ହୋଇ ଖେଳିବି -
କାଳେ ସେ ଆସିବ ଆଉ ଗଛମୂଳେ
ଘଡ଼ିଏ ଥକ୍କା ମେଣ୍ଟାଇବ !

ମାଟିରୁ ପଛକେ ଉଡ଼ିଯିବି ଆକାଶକୁ
ପୁଣି ଆସିବି ଫେରି ପୃଥିବୀକୁ ମେ' ମାସର ଅପରାହ୍ନରେ
ହାଲ୍‌କା ବର୍ଷା ବିନ୍ଦୁ ହୋଇ
କାଲେ ସେ ଆସିବ - ଆଉ ଖୋଜିବ ଟିକେ ଶୀତଳତା !

ନୀଳଗିରି ଗଛର ସଲଖ ଶିଡ଼ିରେ ପାଦ ଦେଇ
ଆକାଶରୁ ଓହ୍ଲେଇ ଆସିବି ମାର୍ଚ୍ଚ ସକାଳର ଖରା ହୋଇ -
ବିଛେଇ ଦେବି ନିଜକୁ ନୀଳଗିରି ପାହାଡ଼ର ଅରଣ୍ୟ ଆଉ
ଉପତ୍ୟକାରେ
କାଲେ ସେ ଆସିବ ଆଉ ଖୋଜିବ ଟିକେ ଉଷ୍ମତା !

ସେ ଆସିଲା ଯେ -
ଆସିଲା ପୁଷ୍ପକ ଯାନରେ,
ଖରା, ବର୍ଷା, ପବନ, ପାଇନ ଏବଂ ବର୍ଚ୍ଚ ଗଛ
ଟା' ବଗିଚାର ଭେଲଭେଟ୍ ଗାଲିଚା
ତା' ପାଇଁ ମିଛ ହୋଇଗଲା
ମଣିଷ, ମଣିଷ ଭିତରେ ସମ୍ପର୍କ
ମୁହୂର୍ତ୍ତର ସ୍ପନ୍ଦନ ଛଡ଼ା ଅନ୍ୟ କିଛି ନୁହେଁ ବୋଲି ପ୍ରମାଣ କରି
ସେ ମଣିଷର ଊର୍ଦ୍ଧ୍ୱରେ ରହିଗଲା
ଏବଂ ସମଗ୍ର ପୃଥିବୀକୁ ପ୍ରଶ୍ନ କଲା
ତଥାପି କାଳେ ସେ ଆସିବ !

ପୁରୀ

ପୁରୀ
ତୁ ଅପୂର୍ଣ୍ଣରେ ପୂର୍ଣ୍ଣ ।
ତୋର ବଡ଼ଦାଣ୍ଡ, ବଡ଼ଦେଉଳ, ବଡ଼ ଠାକୁର, ମହୋଦଧି,
ମହାପ୍ରସାଦ
ସବୁରି ଉପରେ ବଡ଼ – ତୋର ଶରଧାବାଲି
ଯେତେ ଗୋଳି ହେଲେ ବୋଳି ହେଲେ
ଚତୁର୍ବର୍ଣ୍ଣରୁ ଚାରି ଆଶ୍ରମ
କୋଇଲିବୈକୁଣ୍ଠରୁ ସ୍ୱର୍ଗଦ୍ୱାର
ମହାକାଳରୁ ମହାକାଳ – ଫେଣ୍ଟି ହୋଇଗଲେ
ଶେଷକଥା ମୁଠାଏ ଶରଧାବାଲି ।
ଅସରା ଶରଧାବାଲିରେ ତୁ ପୂର୍ଣ୍ଣାତିପୂର୍ଣ୍ଣ
ତୁ ମୃତ୍ୟୁ ତୁ ଜୀବନ

ପୁରୀ -

ଅଧାଗଢ଼ା ତୋର ଠାକୁର

ନୟନାଭିରାମ-

ପୂର୍ଣ୍ଣରେ ଅପୂର୍ଣ୍ଣ, ଅପୂର୍ଣ୍ଣରେ ପୂର୍ଣ୍ଣ ।

ଗଢ଼ିଦେ ଆଉଥରେ

ଅପୂର୍ଣ୍ଣ ଅପାର

ଖୋଲି ଦେ ତୋର ରୁଦ୍ଧ ଚାରିଦ୍ୱାର

ନିୟତି ଭଳି ସବୁ ଜାଣି ତୁ ପୁଣି ନଜାଣିବାର !

ପୁରୀ -

ପୂର୍ଣ୍ଣରୁ ପୂର୍ଣ୍ଣ ଗଲେ ପୂର୍ଣ୍ଣ

ଅପୂର୍ଣ୍ଣରୁ ଅପୂର୍ଣ୍ଣ ଗଲେ ପୂର୍ଣ୍ଣ

ମୁଠା ମୁଠା ଶରଧାବାଲି କାନିରେ ବାନ୍ଧି

ବାହୁଡ଼ି ଗଲେଣି କେତେ ଯେ ଅଫେରା ଯାତ୍ରୀ

ତେବେ ବି ତୋର ବଡ଼ଦାଣ୍ଡ, ଶରଧାରେ ସମତୁଲ !

ପୁରୀ -

ତୁ ମୁହୂର୍ତ୍ତିଏ ମୂକ ହୋଇଯାଇ ପାରିବୁ ?

ବନ୍ଦ କରି ଦେଇପାରିବୁ, ଭଜନ, କୀର୍ତ୍ତନ, ଝାଞ୍ଜ, କରତାଳ ?

ଶୁଣ, ତୋର ବଡ଼ଦାଣ୍ଡରେ ରଣହୁଙ୍କାର- ଆର୍ତ୍ତ ହାହାକାର

ତୋର ସମୁଦ୍ର କେଡ଼େ ବିକ୍ଷୁବ୍ଧ, ଉତ୍ତାଳ ।

ପୁରୀ -

ଖୋଲିଦେ ସିଂହଦ୍ୱାର,

ସ୍ୱର୍ଗରୁ ପାତାଳ,

ତୁ ତ ଜାଣୁ,

ତୁ ପ୍ରାରବ୍ଧ,

କଳ୍ପ କଳ୍ପାନ୍ତର !

■

BLACK EAGLE BOOKS

www.blackeaglebooks.org
info@blackeaglebooks.org

Black Eagle Books, an independent publisher, was founded as a nonprofit organization in April, 2019. It is our mission to connect and engage the Indian diaspora and the world at large with the best of works of world literature published on a collaborative platform, with special emphasis on foregrounding Contemporary Classics and New Writing.

www.ingramcontent.com/pod-product-compliance
Lightning Source LLC
Chambersburg PA
CBHW021627080526
44585CB00013BA/861
* 9 7 8 1 6 4 5 6 0 7 7 4 8 *